Wörterbuch der Pädagogik
Englisch / Deutsch

8., vollständig überarbeitete und erweiterte Auflage 2013 mit einem Anhang: Redewendungen für die Gesprächsführung und Beratung auf Englisch und Deutsch von Nadine Seiler und Denis Judge

Redaktionelle Mitarbeit: Ann Robertson B.Sc., Dr. phil.
Umschlaggestaltung: Aischa Dohrmann, aischad@web.de
Druck: Druckerei Bode GmbH, 04808 Wurzen

dohrmannVerlag.berlin
für europäische und interkulturelle Pädagogik
Ringstr. 78
12205 Berlin
www.dohrmann-verlag.de
Tel: 030 / 833 64 41
Fax: 030 / 80 40 98 90
e-mail: info@dohrmann-verlag.de
ISBN 978-3-9809179-4-0

Holland + Josenhans GmbH & Co.
Postfach 10 23 52
70019 Stuttgart
www.holland-josenhans.de
Tel: 0711 / 614 39 20
Fax: 0711 / 614 39 22
e-mail: verlag@holland-josenhans.de
ISBN 978-3-7782-5848-4

Wolfgang Dohrmann

Wörterbuch der Pädagogik

Teil I: Englisch - Deutsch

Teil II: Deutsch - Englisch

Dictionary of Education

Part I: English – German

Part II: German – English

Mit einem Anhang: Redewendungen für die Gesprächsführung und Beratung auf Englisch und Deutsch von Nadine Seiler und Denis Judge

dohrmannVerlag.berlin

Verlag Holland + Josenhans

Vorwort zur 8. Auflage

Liebe Leserin, lieber Leser!

Die vorliegende 8. Auflage wurde wiederum gründlich überarbeitet und aktualisiert. Ganz neu hinzugekommen ist ein Anhang mit Redewendungen für die Gesprächsführung und Beratung von Nadine Seiler und Denis Judge, mit deren sozialpädagogisch orientiertem Londoner Verlag, **Seiler Publishing Ltd.**, wir neuerdings auf gegenseitiger Basis zusammenarbeiten.
In den Bereichen Vertrieb und Marketing arbeiten wir weiterhin mit dem Stuttgarter Schulbuchverlag **Holland + Josenhans** zusammen. Die Redaktion und die inhaltliche Verantwortung verbleiben jedoch beim Autor und beim **dohrmannVerlag**.

Das vorliegende Wörterbuch richtet sich an Studierende der Fachrichtung Sozialpädagogik, an Lehrerinnen und Lehrer sowie an Praktikerinnen und Praktiker, die in einen fachlichen Austausch mit Interessierten aus anderen Ländern treten möchten. Die Benutzung dieses Wörterbuchs setzt Grundkenntnisse im Englischen voraus und ersetzt nicht ein allgemeines Wörterbuch. Es erleichtert jedoch die Suche nach fachsprachlichen Entsprechungen, da aus den zahlreichen Bedeutungen eines Begriffs der jeweils anderen Sprache gezielt solche in dieses Glossar aufgenommen wurden, die in einem pädagogischen Zusammenhang relevant sind. Dazu ein Beispiel, gleich von der ersten Seite „Englisch-Deutsch“: Schul- und Großwörterbücher listen für *acceptance* vier bis sechs unterschiedliche Bedeutungen aus ganz unterschiedlichen Fachgebieten auf, darunter „Wirtschaft“, „Rechtsprechung“ und „Zoologie“; das vorliegende Nachschlagewerk beschränkt sich mit *Billigung, Anerkennung* auf zwei Bedeutungen, die im pädagogischen Kontext relevant sind, und fügt als Beispiel für eine häufige Zusammensetzung *peer acceptance, Anerkennung durch Gleichaltrige* hinzu.
Ein zweiter Schwerpunkt sind Fachbegriffe aus der Pädagogik oder verwandten Disziplinen, die sich nicht in allgemeinen Wörterbüchern finden; ein Beispiel dafür von der ersten Seite „Deutsch-Englisch“ ist der *Ablösungsprozess (psych): detachment process.*
Ein dritter Schwerpunkt sind Wendungen, die aufgrund unterschiedlicher sozialer Systeme eigentlich nicht übersetzbar sind. Beispiel: Ein Berufsbild, das der deutschen *Erzieherin* entspricht, gibt es in keinem europäischen Land. Hier ist also eine kurze Erläuterung notwendig. Und zu guter Letzt: Die Sprachentwicklung gerade in der englischen Sprache verläuft so rasant, dass zahlreiche Begriffe aus dem US-Sprachgebrauch wie *to mainstream* oder *motherese* wie auch aus dem Umfeld der britischen *Early Excellence Centres*, wie *story time, key worker, containment scheme,* noch gar nicht in deutschen Wörterbüchern angekommen sind.
Über Kritik und Anregungen freut sich auch weiterhin...

Wolfgang Dohrmann

Abkürzungen

Brit	Englischer Sprachgebrauch bzw. Institution / Einrichtung im Vereinigten Königreich
US	US-amerikanischer Sprachgebrauch bzw. Institution / Einrichtung in den USA
Engl Scot Wales N.I.	Einrichtungen / Institutionen in den jeweiligen Teilen des Vereinigten Königreichs
Irl.	Institution / Einrichtung in Irland
D	Institution / Einrichtung in Deutschland
v	Verb
adj	Adjektiv
pl	Mehrzahl
m	maskulin
f	feminin
n	neutrum
fig	figürlich, im übertragenen Sinne
i.w.S.	im weiteren Sinne
coll	umgangssprachlich
sl	Slang
F	familiärer Sprachgebrauch
rel	religiöser Gebrauch
psych	psychologischer Gebrauch
päd	pädagogischer Gebrauch
soz	soziologischer Gebrauch
jur	juristischer Gebrauch
schema	Begriff entstammt der Schema-Theorie von Early Excellence
®	Eigenname
[...]	Aussprachehinweis
>	vgl. auch Eintrag zu folgendem Stichwort
~	ersetzt das ganze Stichwort
|	zusammen mit ~ : das Stichwort wird nur bis hier ersetzt

Anmerkung:
Mit einem Bindestrich verbundene Wörter werden in der alphabetischen Ordnung wie ein Wort behandelt, also *school trip* vor *school-age*.

A

A level (Brit) Abitur, Hochschulreife; **take one's ~s** das Abitur machen *(Abkürzung für* ***Advanced level****; gewöhnlich muss man in mehreren Fächern seine* ***A levels*** *machen, um zum Studium zugelassen zu werden, daher meist Plural)*
abandon (v) verlassen, im Stich lassen, (Kinder) aussetzen; **~ed child** ausgesetztes Kind
aberrant behaviour abweichendes Verhalten
ability Können, Fähigkeit, Intelligenz, Begabung
ability grouping Leistungsdifferenzierung
able, be ~ to do sth. etwas können
able-bodied people Nicht-Behinderte
abolish (v) abschaffen
abortion Abtreibung, Früh- oder Fehlgeburt; **legal ~** Schwangerschaftsabbruch
abscond (v) durchbrennen, abhauen
absence without leave unerlaubtes Fernbleiben
absentee der/die Abwesende
absenteeism Krankfeiern
absent-minded geistes-abwesend
absorbed (adj) absorbiert, vertieft,
abundance Überfluss
abuse (v) missbrauchen; **sexually ~** sexuell missbrauchen
abuse Missbrauch; **alcohol ~** Alkoholmissbrauch
abuse solvents Lösemittel missbrauchen; schnüffeln
abused and abandoned children misshandelte und vernachlässigte *(i.w.S. verlassene)* Kinder
acceleration *(psych)* Akzeleration
academic (adj) akademisch; **~ work** wissenschaftliche, „theoretische" im Gegensatz zu „praktischer Arbeit"
academy (Brit) vom Bildungsministerium getragene Schule in England *(statt von der > LEA getragen)*
accept somebody for a job/ school jmd. eine Einstellungszusage geben / in die Schule aufnehmen
acceptance Billigung,

Anerkennung; **peer ~** Anerkennung durch Gleichaltrige
accessible (adj) zugänglich, erreichbar
acculturation Akkulturation, Kulturaneignung, kulturelle Anpassung
ache Schmerz; (v) schmerzen, weh tun
achieve (v) vollbringen, schaffen, leisten, zustande bringen, ausführen
achieved role erworbene Rolle
achievement (große) Leistung, Errungenschaft
achievement oriented leistungsorientiert
achievement test Leistungstest
acquaintance der/die Bekannte; Vertrautheit
acquire (v) (*Wissen etc.*) erwerben; sich erw. aneignen; erreichen
acquired erworben, anerzogen, angewöhnt
acquisition of language Spracherwerb
act out (something) (v) etwas ausleben, ausagieren, nachspielen; **~ a story** eine Geschichte nachspielen
action committee Bürgerinitiative, Aktionskomitee
action pattern Handlungsmuster
active discovery learning entdeckendes Lernen
activity Aktivität, Beschäftigung
activity and adventure holiday Aktiv-Ferien
adapt (v) sich anpassen, adaptieren, sich an etwas gewöhnen
adaptability Anpassungsfähigkeit; **social ~** soziales Anpassungsvermögen, Eingewöhnung
adaptation Anpassung; **social ~** soziale Anpassung
adapted | housing, ~ accommodation (Brit) behindertengerechte Wohnung
adaptive behaviour angepasstes Verhalten
ADD (attention deficit disorder) Aufmerksamkeits-Defizit-Syndrom
addict der/die Süchtige; **be addicted** süchtig sein
ADHD (attention deficit hyperactivity disorder) Aufmerksamkeits-Defizit- und Hyperaktivitäts-Syndrom
adjust (v) angleichen, (sich)

anpassen
adjuster jmd., der angepasst ist
adjustment Anpassung, Eingewöhnung
administer (v) verwalten
admission test Zugangstest
adolescence Adoleszenz, die Zeit des Erwachsenwerdens, Jugend
adolescent der/die Heranwachsende
adopt (v) adoptieren, an Kindes statt annehmen
adopted child Adoptivkind
adoption agency Adoptionsstelle, -Büro
adoption counselling Adoptionsberatung
adoption procedures and implementation Adoptionsvermittlung
adoptive parents Adoptiveltern
adult der/die Erwachsene
adult (adj) erwachsen, reif
adult education Erwachsenenbildung, Andragogik
adult education centre Volkshochschule
adult styles of engagement; adult engagement styles Arten der Beteiligung von Erwachsenen (*meist an der Erziehung von Kindern*)
adult vocational education berufliche Erwachsenenbildung
adulthood Erwachsenenalter
advance (v) fördern, voranbringen
advanced skills teacher (Brit) *etwa:* Fachlehrer/in; *Aufstiegsposition für* > classroom teacher *im Elementar- oder Primarbereich*
advanced technical college Fachhochschule
advanced training Fortbildung
adventure education Abenteuerpädagogik
adventure playground Abenteuerspielplatz
adventure pursuits Erlebnispädagogik
adventure society Erlebnisgesellschaft
advice Rat (-schlag)
advice and guidance Beratung und Anleitung
advise (v) beraten
adviser, advisor Berater
advisory (adj) beratend
advisory | board, ~ committee Beirat, Gutachterkommission
advisory body, ~ council

Beirat

advocacy *(päd)* Interessenvertretung, Sachwalterschaft, Fürsprache

advocacy group Lobby

affairs Angelegenheiten, tägl. Arbeit

affect (v) betreffen, **that does not ~ me** das betrifft mich nicht, geht mich nichts an

affection Liebe, Zuneigung (**for, towards** zu)

affectionate (adj) liebevoll, zärtlich

affective education gefühlsbetonte Erziehung

affective objectives affektive Lernziele

affirmation (positive) Bestätigung

affluence Fülle, Überfluss; **demoralization by ~** Wohlstandsverwahrlosung

affluent (adj) reichlich, wohlhabend; **~ society** Wohlstandsgesellschaft

afford (v) sich etwas leisten, *(Zeit)* erübrigen

afraid Angst haben, **be ~ to do sth**. Angst davor haben, etwas zu tun

after care Nachsorge *(z.B. bei Heimerziehung)*

afternoon session Nachmittagsbetreuung

after-school | club (ASC), ~ care, ~provision, ~ facilities Nachmittagsbetreuung für Schulkinder; Hort, Kinderhort (D)

age Alter; **the boys' ~s are 2, 4 and 5** die Jungen sind ... Jahre alt; **be six years of ~** sechs Jahre alt sein; **come of ~** volljährig, mündig werden; **under ~** minderjährig; **children ~d between 3 and 5** Kinder im Alter von 3 bis 5 Jahren

age appropriate group altershomogene Gruppe

age band Altersspanne

age bracket Altersgruppe; **the 0 – 3 ~** die Gruppe der 0- bis 3-Jährigen

age distribution Altersgliederung

age limit Altersgrenze

aged (adj)...jährig, im Alter von...; **children ~ 2 – 5** Kinder im Alter von 2 – 5 Jahren

age-grade placement altersgemäße Einstufung

age-group Altersgruppe; **traditional ~** altershomogene Gruppe

age-integrated alle

Altersstufen umfassend
age-integrated centres altersübergreifende Kitas
agency Geschäftsstelle, Agentur, Träger; *(päd)* Wirkung; **statutory and voluntary agencies** öffentliche und freie Träger
agency responsible for a sector of work Träger
agenda Tagesordnung
age-range Altersspannweite
aggravate (v) verschlechtern, verschlimmern
aggression Aggression, Angriff
aggressive (adj) angriffslustig, aggressiv
aggro (Brit. sl.) Zoff, Krawall; **they are looking for ~** sie suchen Streit
aging Altern, Alterung
agree (v) einverstanden sein
agreement Übereinstimmung, Übereinkunft, Abkommen, Vertrag
aim Ziel
alien Ausländer, Außerirdischer; (adj) fremd, ausländisch
alienate (v) verfremden, befremden; **feel ~d from society** sich der Gesellschaft entfremdet fühlen; **culturally ~d** soziokulturell benachteiligt
alienated (adj) *(gesellschaftlich)* unangepasst
alienation Entfremdung
alimony Unterhaltszahlung
all-day school Ganztagsschule
all-through comprehensive school Gesamtschule mit Oberstufe
allocate (v) zuordnen, zuteilen; bewilligen *(z.B. Finanzmittel)*
allowance Zuteilung, Zuschuss, Beihilfe, Taschengeld
alternative | life style, ~ movements Alternativbewegung
amateur theatre Laientheater
ambiguity Zweideutigkeit, Mehrdeutigkeit, Unklarheit
ambiguity tolerance Ambiguitätstoleranz
ambivalence Ambivalenz, Doppelwertigkeit, Zwiespältigkeit
amenity centre Freizeitzentrum
amnesia Amnesie, Gedächtnisverlust
anal stage anale phase
ancillary | worker, ~ staff Hilfspersonal
ancillary rooms Nebenräume

anger Zorn, Wut; **filled with ~** wütend sein

anger-management Selbstbeherrschung

Anglican Anglikaner; (adj) anglikanisch

Anglican Church, Church of England (C. of E.) Staatskirche in England

angry (adj) böse, zornig; **be ~ with / at somebody** mit / auf jemand böse sein, sich über jmd. ärgern

animated (adj) *(Unterhaltung, Gebärde)* lebhaft

animal-assisted activity (AAA) tiergestützte Fördermaßnahme

animal-assisted pedagogy (AAP) tiergestützte Pädagogik

animal-assisted therapy (AAT) tiergestützte Therapie

annoyed (adj) ärgerlich

antenatal (adj) Schwangerschafts-, Schwangeren-; vorgeburtlich

anthroposophy Anthroposophie

antiauthoritarian playgroup Kinderladen (D)

antiauthoritarian upbringing antiautoritäre Erziehung

anti-bias education Erziehung gegen Vorurteile und Rassismus; vorurteilsbewusste Erziehung

anti-illiteracy programme Alphabetisierung

antic Mätzchen, Possen

anticipate (v) erwarten, vorausahnen

anticipation Vorannahme, Erwartung

anxiety Angst, Sorge; **stranger ~** Fremdeln, Angst vor Fremden

anxious (adj) besorgt

aphasia Sprachverlust

appalling (adj) entsetzlich, schrecklich

application Bewerbung; Anwendung, Antrag

application form Antragsformular, Antrag, Bewer-bungsformular

application-oriented pedagogic research anwendungsorientierte Erziehungsforschung

applied (adj) anwendungsorientiert; ~ **social research** angewandte Sozialforschung

appraisal Bewertung, Beurteilung

appreciate (v) würdigen, etw. schätzen

apprehensions Befürchtungen

apprehensive (adj) besorgt, ängstlich; **to be ~ about** vor etwas Angst haben

approach Ansatz, Annäherung, Betrachtungsweise, Versuch, Methode

appropriate (adj) angemessen

appropriate risks angemessene Risiken

approved (adj) anerkannt *(rechtlich, behördlich etc.)*

April Fool Aprilscherz; **to play an ~ on** jemanden in den April schicken

April Fool's Day der erste April

aptitude Neigung, Begabung, Eignung; **linguistic ~** Sprachbegabung; **learning ~** Lernfähigkeit; **social ~** soziale Anpassungsfähigkeit

aptitude test Eignungsprüfung

arbitrate (v) vermitteln, schlichten

area Bereich

area of learning Lernbereich

area youth office Bezirksjugendamt

argue (v) streiten, diskutieren

argument Begründung; *auch*: Auseinandersetzung

arithmetic Rechnen; **mental ~** Kopfrechnen

art education Kunsterziehung

artefacts Gegenstände, Objekte *(die in irgendeiner Weise bearbeitet sind)*

articulated services verbundene Angebote, Dienste

arts and humanities Kunst und geisteswissenschaftliche Fächer *in Oberschule und Universität*

arts teacher Kunsterzieher(in), Kunstlehrer(in)

Asperger's Syndrome Asperger-Syndrom *(eine Form von Autismus)*

aspiration Bestreben, Ambition; **educational ~s** Bildungsansprüche

aspire to (v) streben nach

assembly Versammlung, Morgenandacht *(z.B. in der Schule in GB)*; **~ is taken by a member of staff** die Morgenandacht wird von einem Lehrer / einer Lehrerin gehalten

assertion Behauptung; **self ~** Selbstbewusstsein, Geltendmachen seiner Rechte, Durchsetzungsvermögen

assertive (adj) zur Geltung kommend, positiv

assertiveness Selbstbewusstsein, Selbstachtung
assess (v) *etwas* einschätzen, bewerten
assessment Leistungsbeurteilung, Einschätzung
assignment *(päd)* Aufgabe, Arbeit
assignment plan Arbeitsplan
assimilate (v) angleichen
assimilatory schemata *(psych)* Assimilationsschemata
assistant teacher (*eigentlich: foreign language assistant*) muttersprachlicher Lehrer im Fremdsprachenunterricht (mst. in Ausbildung)
assisted living betreutes Wohnen
assisted-living community Gemeinschaft von Menschen, die betreut wohnen
assume (v) annehmen, voraussetzen, unterstellen; **~ a role** eine Rolle übernehmen
Asylo Gutschein für Asylbewerber zum Einkauf von Nahrungsmitteln
asylum Asyl; **political ~** politisches Asyl; **apply for ~** Asyl beantragen
asylum seeker Asylbewerber
ataxic (adj) ataktisch, unsicher, ungeordnet, regellos
attachment *(päd)* Bindung, Zugehörigkeit; **the concept of ~** der Bindungsbegriff, der Begriff der Zugehörigkeit
attachment person Bezugsperson
attain (v) leisten
attainment Erreichung, Leistung
attend (v) anwesend sein, teilnehmen an, begleiten, besuchen
attendance Anwesenheit; (Brit) *(jur)* Freizeitarrest; **regular ~ at school** regelmäßiger Schulbesuch
attendance centre (Brit) Jugendarrestanstalt *(in der Freizeitarrest verbüßt wird)*
attendant Begleiter(in), Aufseher(in)
attention Aufmerksamkeit, Beachtung; **pay ~ to** Beachtung schenken
attention deficient hyperactivity disorder, attention deficit disorder Aufmerksamkeitsdefizitsyndrom (ADS)
attention span Konzentrationsvermögen

attentive (adj) aufmerksam
attentiveness Aufmerksamkeit
attitude Einstellung, Haltung; **parental ~** elterliche Einstellung
audacity Kühnheit, Waghalsigkeit
audible (adj) hörbar, vernehmlich
auditory (adj) das Gehör betreffend
authoritarian leadership autoritärer Erziehungsstil
authorities (*mst. pl*) Behörde(n), Obrigkeit
authority Amt, Behörde, z.B. **local education ~ (LEA)** (Brit) örtliches Schul-/ Bildungsamt, Amt für Volksbildung
authority guardianship Amtspflegschaft, Amtsvormundschaft
authorization Genehmigung, Erlaubnis, Bevollmächtigung
autism Autismus
autism spectrum disorders Bandbreite der autistischen Störungen
autonomy Autonomie, Selbstständigkeit
auxiliary Hilfs-, Zusatz-, (in Zusammensetzungen); **~ worker** Zusatzkraft (mit verkürzter Ausbildung)
average Durchschnitt, **on ~** im Durchschnitt, durchschnittlich; **above / below ~** über / unter dem Durchschnitt
average family Durchschnittsfamilie
aversion Aversion, Vermeidung, Abneigung
aversive stimulus unangenehmer Reiz
avid (adj) begeistert, passioniert
avoidance Vermeidung
avoidance behaviour Vermeidungsverhalten
awaken *(meist passiv)* **to be ~ed by** geweckt werden von
award Auszeichnung, Berufsbezeichnung, Titel
aware; **be ~** sich bewusst sein, wissen
awareness Bewusstsein, Kenntnis; **environmental ~** Umweltbewusstsein
awkward (adj) ungeschickt, unbeholfen, linkisch, tölpelhaft

B

babble (v) stammeln, plappern, schwatzen
babbling stage Lallstadium *(bei Babys)*
baby Baby, Säugling; **have a ~ / going to have a ~** einKind bekommen
baby (and toddler) nest Tagesbetreuung für 0-3-Jährige *(etwa: Krippe in D.)*
baby blues postnatale Depression
baby bottle Trinkflasche
baby buggy (Brit) Buggy, Sportwagen
baby care Säuglingspflege
baby carriage (US) Kinderwagen
baby shower (US) Baby-Party *(vor der Geburt eines Kindes)*
baby talk Babysprache
baby tooth Milchzahn
baby walker Laufstuhl
baby's changing table Wickeltisch
baby's dummy Schnuller
Babygro ® Strampler
babyhood Säuglingsalter
babyish kindisch
baby-minder (Brit) Tagesmutter
babysit (v) babysitten
bachelor erster akademischer Grad, berufsqualifizierend, zumeist nach 3 bis 4 Jahren, z.B. **BA, BEd Bachelor of Education (BEd)** berufsqualifizierender Abschluss zum **teacher** (***nursery and primary education*** bzw. ***preschool and primary education***) auf Hochschulniveau nach meist 4-jährigem Studium
back shift Spätschicht, Spätdienst
back up (v) unterstützen
backward (adj) langsam, schwerfällig, zurückhaltend, *(in der Entwicklung)* zurückgeblieben
bad (adj) ungezogen, böse, **use ~ language** Kraftausdrücke benutzen
bag lady Stadtstreicherin
balance beam Balancierbalken
balanced (adj) ausgewogen, ausgeglichen
ball alley Kugelbahn
ban (v) verbieten, **he was ~ned from playing** er erhielt Spielverbot; **to lift a ban** ein Verbot aufheben

Band-Aid ® (US) Heftpflaster
bank holidays (Brit) gesetzliche Feiertage
baptism Taufe
baptize (v) taufen
bar | graph, ~ chart Säulen-, Stabdiagramm
bare necessities Grundbedürfnisse
baric sense (judging weight) *(Montessori)* barischer Sinn *(Beurteilung des Gewichts)*
baric sense tablet Gewichtsbrettchen
barrier-free environment Barrieren-freie Umwelt
basal pedagogy basale Pädagogik
bashing körperliche Misshandlung
basic (adj) grundlegend, elementar, Grund...
basic and extension courses Grund- und Leistungskurse
basic assumptions Grundannahmen
basic belief Grundüberzeugung
basic family Kernfamilie
basic idea Grundidee
basic knowledge Grundwissen
basic mistrust Grundmisstrauen
basic necessities Lebensgrundlagen
basic needs Grundbedürfnisse
basic principles Grundprinzipien
basic requirement Grundvoraussetzung
basic skills Grundfähigkeiten, Basisfähigkeiten
basic training Grundausbildung
basic trust Urvertrauen
basics ABC, Basiswissen
batter (v) auf jemanden einschlagen, übel zurichten, misshandeln
battered | baby, ~child, ~wife misshandeltes Kind, (Ehe-)Frau
battered wives' shelter Frauenhaus
become involved in sich engagieren
becoming *(päd)* Sich-Entwickeln
BEd > *Bachelor of Education*
bed-sitter Ein-Zimmer-Wohnung, möbliertes Zimmer
bedtime story Gutenachtgeschichte
bed-wetting Bettnässen
befriender Person des Vertrauens
behave (v) sich verhalten

(wie…); sich benehmen
behaviour Verhalten, Benehmen; **deviant ~** abweichendes Verhalten; **innate ~** angeborenes Verhalten; **maladjusted ~** unangepasstes Verhalten
behaviour observation Verhaltensbeobachtung
behaviour pattern Verhaltensmuster
behavioural | disorder, ~ disturbance Verhaltensstörung
behavioural therapy Verhaltenstherapie
being *(päd)* So-Sein
being active *(päd)* Handeln
being in touch with oneself Kontakt zu sich selbst haben, sich selbst spüren
belly Bauch, Magen, Unterleib
belly-ache Bauchweh
belly-button Bauchnabel
belonging *(päd)* Zugehörigkeit
beneficial to the environment umweltfreundlich
benefit Zuwendung, *(soziale)* Leistung; **family, housing, maternity ~** Kinder-, Wohn-, Mutterschaftsgeld; **sickness, unemployment ~** Kranken-, Arbeitslosengeld; **social security ~** Sozialhilfe; **to be on ~(s)** von Sozialhilfe / staatl. Leistungen leben
better off *(finanziell)* besser gestellt
bias Tendenz, Voreingenommenheit; **anti-bias education** Erziehung gegen Vorurteile und Rassismus
bias awareness education vorurteilsbewusste Erziehung
biased (adj) voreingenommen
bib Lätzchen
bilingual (adj) zweisprachig
bilingual education zweisprachige Erziehung
bilingualism Zweisprachigkeit
biodegradable biologisch abbaubar
biographical method biographische Methode
biological paternity leibliche Vaterschaft
birth Geburt; **give ~** entbinden; **give ~ to** gebären, zur Welt bringen; **she gave ~ prematurely** sie hatte eine Frühgeburt; **from** *oder* **since ~** von Geburt an
birth certificate Geburtsurkunde
birth control Geburten-

regelung, -beschränkung
birth injury Geburtsschaden
birth mark Muttermal
birth rate Geburtenziffer
bite-size course Schnupperkurs
blackboard Schultafel, Wandtafel
blame (v) verantwortlich machen **(for** für)
blended family Stieffamilie, Patchwork-Familie
blindfolded mit verbundenen Augen
block of flats Wohnblock
blueprint, natural ~ natürlicher Bauplan
board game Brettspiel
board of managers Verwaltungsrat
board of trustees Kuratorium
boarding child Heimkind, Pflegekind
boarding out Fremdunterbringung *(von Kindern)*
boarding school Internat, Heimschule
bodies responsible for the statutory youth services Träger der öffentlichen Jugendhilfe
bodily functions Körperfunktionen
body Körper; *(soz, jur)* Körperschaft, Gesellschaft
body awareness Körperbewusstsein
body corporate under public law Körperschaft des öffentlichen Rechts
body responsible for schools Schulträger
boisterous (adj) heftig, ungestüm, wild
bond (v) Bindungen herstellen
bonding Bindung; *(psych)* Bonding, Mutter-Kind-Bindung
bone of contention Zankapfel
bonfire Freudenfeuer; **B~ Night** (Brit) (Abend des) **Guy Fawkes' Day** (5. November)
borderline case *(psych)* Grenzfall, Borderline-Fall
borstal (Brit) *(veraltet)* Jugendstrafanstalt
bossy (adj) rechthaberisch, herrisch
bottle bank Altglascontainer
bottle brush Flaschenbürste
bottle heater Flaschenwärmer
bottle-fed mit der Flasche gefüttert
bottle-fed child Flaschenkind
bottle-feed (v) mit der Flasche aufziehen, aus der Flasche ernähren

bounce (v) springen, hüpfen; **~ the ball back** den Ball zurückwerfen
boundaries Grenzen
bowling alley Kugelbahn
Boxing Day (Brit) der zweite Weihnachtstag
brain injury Hirnschädigung
breaking the voice Stimmbruch
breast-fed child Stillkind
breast-feed (v) stillen
breech | birth, ~ delivery Steißgeburt
breech presentation Steißlage
brief description Kurzbeschreibung
bright (adj) hell, glänzend, *fig*. „hell", gescheit, klug; **a ~ child** (überdurchschnittlich) begabtes Kind
brilliant (adj) hochbegabt
bring up (v) aufziehen, erziehen; *auch:* etwas zur Sprache bringen
British Sign Language (BSL) Gebärdensprache für Gehörlose
broaden the mind den Horizont erweitern
broken home zerrüttete, gestörte Familienverhältnisse
broken marriage zerrüttete Ehe
BSL > *British Sign Language*
BTEC National Diploma (Business and Technology Education Council) (Brit) *etwa*: Fachhochschulreifeprüfung
buggy Kinderwagen
building corner Bauecke
bulimia Bulimie
bully (v) drangsalieren, tyrannisieren, schikanieren, einschüchtern, „mobben"
burdens of the past Altlasten
buried knowledge verschüttetes Wissen
burn-out Motivationserschöpfung, Ausgebranntsein
burp (F) Rülpser, „Bäuerchen"; (v) aufstoßen, „ein Bäuerchen machen"
butt (F) Po

C

C. of E. > *Church of England*
CACHE - Council for Awards in Children's Care and Education (Brit) Stiftung, die Lehrinhalte

und Abschlüsse im sozial-pflegerischen Bereich zertifiziert

c.v. > *curriculum vitae*

caesarean | delivery, ~ birth Kaiserschnittgeburt; ~ section Kaiserschnitt

cane (Rohr)Stock; **get the ~** eine Tracht Prügel bekommen, (mit dem Stock) schlagen

capability Fähigkeit

capable (adj) imstande sein, fähig sein

cardboard Pappe, Pappkarton

cardgame Kartenspiel

care Pflege, Betreuung, Fürsorge, Obhut; **early childhood ~** frühkindliche Betreuung / Pflege; **take ~** sich bemühen; in Acht nehmen; **sick people need special ~** kranke Menschen brauchen besondere Fürsorge; **be in ~** in Pflege sein; **take ~ of somebody** auf jmd. aufpassen

care (v) for somebody sich um jmd. kümmern; **well ~ed for** gut versorgt

care and control *(jur)* Personensorge

care and custody of a person *(jur)* Personensorge; **person who exercises the right of care and custody** Personensorgeberechtigte/r

care assistant (Brit) Pflegeassistent

carer Fürsorger, Betreuer

career Karriere, Laufbahn

careers guidance counsellor; careers officer Berufsberater(in)

care-giver Betreuer(in), Pflegekraft, *auch:* Bezugsperson

care in the community Betreutes Leben im Wohnumfeld

care-order Sorgerechtsanordnung, Heimeinweisung (Fürsorgeerziehung); gerichtliche Übertragung der Elternrechte auf das Jugendamt (Brit)

care worker (Heim-) Erzieher(in)

carer Betreuer(in)

caress Liebkosung; (v) liebkosen

carry out (v) durchführen

case Fall, Patient

case history Vorgeschichte, Krankengeschichte, Anamnese

case report Fallbericht

case study Fallstudie, Einzelfallanalyse

case work Einzelfallhilfe; (auf den Einzelfall bezogene) Sozialarbeit
case worker (Einzelfälle betreuender) Sozialarbeiter
cash benefit Geldleistung
casual labour Gelegenheitsarbeit
catchment area Einzugsgebiet
cater (v) (Bedürfnisse) berücksichtigen; sich um (Speisen und Getränke) kümmern
celebrate (v) feiern, ehren, würdigen; *i.w.S.* wertschätzen, respektieren, anerkennen; **to celebrate children** Kinder wertschätzen
celebration Feier
centre for school-age children (Kinder-) Hort (D)
centre of gravity Schwerpunkt
centre-based settings zentrale Einrichtungen mit unterschiedlichen Angeboten
cerebral palsy Cerebralparese, zerebrale Kinderlähmung
certificate Zeugnis, Attest, Bescheinigung
certificate of (good) conduct Führungszeugnis
certificate of attendance Teilnahmebescheinigung
certify (v) bescheinigen, bestätigen; **this is to ~ that...** hiermit wird bescheinigt *oder* bestätigt, dass...
chalk and talk Frontalunterricht
challenge (v) herausfordern, anzweifeln, in Frage stellen, (Aufmerksamkeit) fordern
challenging behaviour herausforderndes, provozierendes Verhalten
change a baby dem Baby neue Windeln anlegen
character Wesensart, Persönlichkeitsmuster
character development Charakterentwicklung
characterise (v) kennzeichnen
charitable (adj) wohltätig, gemeinnützig, karitativ
charity Nächstenliebe; wohltätige Organisation, gemeinnützige Einrichtung
chart Schaubild, Diagramm, Tabelle; **circular ~** Kreis-, Tortendiagramm
charter schools (US) Vertragsschulen *(...die im öffentlichen Auftrag von*

privaten Trägern betrieben werden)
chatter (v) schwatzen
chatterbox Quasselstrippe, Plappermäulchen
cheeky (adj) frech
chew one's finger-nails an den Fingernägeln kauen
chicken pox Windpocken
child Kind (*pl:* **children**); **an only ~** ein Einzelkind; **illegitimate ~** uneheliches Kind; **young ~** Kleinkind; **be a good ~ !** sei artig!
child abuse Kindesmisshandlung
child allowance Kinderfreibetrag
child and adolescent psychotherapy Kinder- und Jugendpsychotherapie
child and youth welfare Kinder- und Jugendhilfe
child benefit (Brit) Kindergeld, Erziehungsgeld, Kinderzulage
child guidance Erziehungsberatung, Jugendpsychiatrie, heilpädagogische Betreuung
child guidance centre Kinderberatungszentrum
child guidance clinic Erziehungsberatungsstelle (mit Therapie)
child initiated vom Kind ausgehend
child labour Kinderarbeit
child maintenance (Brit) private Unterhaltszahlung für Kinder
child molester Kinderschänder
child neglect Kindesvernachlässigung
child prodigy Wunderkind
child protection Schutz des Kindes
child raising allowance Erziehungsgeld
child raising leave Erziehungsurlaub
child rearing *(veraltet)* Kindererziehung
child rearing leave (US) Erziehungsurlaub
child study Verhaltensbeobachtung bei Kindern
child support Unterhalt; Alimente
Child Tax Credit (CTC) (Brit) steuerliche Beihilfe für Familien mit Kindern, wird mit Formular CTC1 beantragt
child welfare Jugendhilfe
child welfare department (US) örtliches *oder* staatliches Jugendamt
child worker Jugend-

fürsorger(in), Jugend-
pfleger(in)
child's play *(fig)* ein Kinderspiel
childbearing *(Kind)* gebären
child-bed Kinder-, Wochenbett
childbirth Geburt; **~ preparation** Geburtsvorbereitung
childcare Kinderbetreuung, Kinderpflege; *social services department:* Kinder-, Jugendfürsorge
childcare allowance staatlicher Zuschuss für die häusliche Kindererziehung
childcare assistant Kinderpflege-Assistent
childcare center (US) Kindertagesstätte, die den Sozialbehörden untersteht, für Kinder von unter einem Jahr bis zum Schulalter
childcare centre Kindertagesstätte
childcare leave Erziehungsurlaub
childcare subsidy öffentliche Finanzierung von Kinderbetreuung und Erziehung
childcare tax credit (Brit) steuerfinanzierter Zuschuss zu den Kinderbetreuungskosten bedürftiger Familien
childcare worker Kinderpfleger(in); Assistenzkraft in der Vorschule neben dem > *classroom teacher;* Erziehungsfachkraft
child-centred kindzentriert
child-centred curriculum von Schülern und Lehrern gemeinsam festgelegter Lehrplan
child-centred education Pädagogik vom Kinde aus; nicht-direktive Erziehung
child-directed educational approach Kind-orientierter pädagogischer Ansatz
childhood Kindheit; **from** *or* **since ~** schon als Kind; **second ~** zweite Kindheit *(Senilität)*
childish (adj) kindlich, kindisch
childlore überlieferte Kinderverse, -sprüche
childminder Tagesmutter
childminding Kinderbetreuung; Tagespflege
childproof (adj) kindersicher
Children and Young Persons Act (Brit) Gesetz, den Schutz und die Rechte junger Menschen betreffend
children exemption (US) (Steuer-) Freibetrag für

Kinder

children's allowance Kindergeld

children's centre (Brit) Kinder- und Familienzentrum

children's home Kinderheim

children's nurse Kinderpflegerin

children's planning meeting Kinderkonferenz

children's rights movement Bewegung zur Wahrung der Rechte der Kinder

child-teacher ratio Kind-Erzieher-Verhältnis, Gruppenstärke, Erzieherschlüssel

christen (v) taufen

christening Taufe

Christian name Taufname; > *first name*

Christmas Day erster Weihnachtsfeiertag; **~ Eve** Heiligabend (**Boxing Day** (Brit) Zweiter Weihnachtsfeiertag)

chuffed (adj) (Brit, coll.) hocherfreut

chuffedness stolze Zufriedenheit, das "geschafft!"-Gefühl

Church of England (C.of E.) Englische Staatskirche

Church of Scotland Schottische Kirche

church voluntary community service diakonischer Jugendeinsatz

church-run (adj) kirchlich geführt

circle time Morgenkreis, Kreisgespräch

circular Erlass, Rundschreiben

circular reaction Zirkulärreaktion

Citizens Advice Bureau (CAB) (Brit) Bürgerberatungsstelle

city academy > *academy*

civic centre Behördenzentrum

civic education Staatsbürgerkunde, Gemeinschaftskunde

civil marriage standesamtliche Trauung

civil partnership (Brit) eingetragene Partnerschaft

civil rights Bürgerrechte

civil servant (Brit) Angestellte/r der Zentralregierung in London; *i.w.S. auch:* Beamter, Beamtin; Angestellte/r im öffentlichen Dienst

Civil Service öffentlicher Dienst

civil service employee Angestellte/r im

öffentlichen Dienst
clapping game Spiel mit Händeklatschen
class size Klassengröße
classes on infant care Säuglingspflegekurse
classroom, inclusive Integrationsklasse, integrative Klasse
classroom teacher qualifizierte(r) Lehrer(in) ohne Beförderungsamt
cleaning rota Putzplan
client Klient
client-centered counselling Gesprächsführung
climbing equipment Klettergestell
climbing frame Klettergerüst
climbing rope Kletterseil
cloakroom Garderobenraum
close down (v) schließen *(abwickeln)*
cloze test *(päd)* Lückentest
clumsy (adj) schwerfällig, unbeholfen, tollpatschig
cluster Anhäufung, Bündel; (*psych*) Gruppe hoch korrelierender (Persönlichkeits-) Merkmale; *(soz)* Klumpen
clutter (v) hastig sprechen, poltern, heraussprudeln, vollstopfen
clutter Unordnung, Wirrwarr
coaching Nachhilfe
code of practice Ausführungsvorschrift, Handbuch
coeducation Koedukation
cognition Erkenntnis, Erkenntnisvermögen, Wahrnehmung
cognitive (adj) kognitiv, Erkenntnis...
cognitive competencies, ~ capacities kognitive Fähigkeiten
cognitive development kognitive Entwicklung
cognitive objectives kognitive Lernziele
cohabitation Zusammenleben, eheähnliche Gemeinschaft
cohabiting couple unverheiratet zusammenlebendes Paar
collaborative task Gemeinschaftsaufgabe
colleague Kollegin / Kollege
collect (v) jemanden abholen (z.B. Kind von der Kita)
college (Brit) College, unabhängiger Teil innerhalb einer Universität; höhere Lehranstalt, Institut, Akademie, Fach(hoch)schule; (US) Hochschule, die BA und

MA verleihen kann, **go to ~** (US) studieren

college for educators Fachschule / Fachakademie für Sozialpädagogik (D)

college of education Pädagogische Hochschule

college of further education Kolleg, Fortbildungseinrichtung, in der u.a. Berufsschulunterricht stattfindet (>*NVQ;* >*GNVQ;* >*NNEB*)

colour tablets *(Montessori)* Farbenplättchen, Farbtäfelchen

comfort (v) jemanden trösten

commitment Verpflichtung, Bindung

committed (adj) engagiert

common curriculum Pflicht- und Wahlfächer

common law marriage eheähnliche Gemeinschaft

common sense knowledge Alltagswissen

commonalities Gemeinsamkeiten

communal living Wohngemeinschaft

communal living with social worker support betreute Wohngemeinschaft

communication strategies (~techniques) (for teachers and pedagogues) Gesprächsführung für Pädagogen / Pädagoginnen

community Gemeinwesen, Öffentlichkeit; *(rel)* Gemeinde

community action group Bürgerinitiative

community association Nachbarschaftsverein

community care Nachbarschaftshilfe; gemeindenahe Betreuung *(d.h. nicht in Heimen, Anstalten)*

community care centre Sozialstation

community centre Gemeindezentrum

community development Gemeinde-, Stadtentwicklung

community education niedrigschwellige Bildungsangebote für Erwachsene (schulisch, beruflich); (Scot) Gemeinwesenarbeit

community education services (Scot) regionale Erziehungs- und Bildungsbehörden

community home (Brit) Erziehungsheim

community of learners

Gemeinschaft Lernender
community project Beschäftigungsprogramm
community profile Sozialraum-Profil
community regeneration Stadterneuerung; Verbesserung des Wohnumfeldes
community relations Beziehung zwischen den Bevölkerungsgruppen
community service (Brit) *(freiwilliger oder als Strafe auferlegter)* sozialer Dienst
community work Gemeinwesenarbeit
comparative (adj) vergleichend
compassionate (adj) mitfühlend
compassionate leave Pflegeurlaub, Sonderurlaub aus familiären Gründen
compensate for (v) etwas ausgleichen, kompensieren
compensatory education zusätzliche und / oder spezielle Unterrichtsangebote für benachteiligte Kinder, kompensatorische Erziehung
competence Können, Zuständigkeit
competence model Kompetenzmodell (welches von den Fähigkeiten statt von den Schwächen / Defiziten des Kindes ausgeht) > *deficit model*
competencies, upgrade ~ Kompetenzen erweitern
complementary (adj) ergänzend; an establishment **~ to life at home** eine familienergänzende Einrichtung
complexity Komplexität
complex and severe learning difficulty Mehrfachbeeinträchtigung
compliance Einwilligung
compliance with rules Einhalten der Vorschriften, Regeln
comply (v) einwilligen, s. fügen
comply with a law beachten eines Gesetzes
composure Körperhaltung; *auch:* inneres Gleichgewicht
comprehension Verständnis
comprehensive (adj) umfassend
comprehensive school Gesamtschule
comprehensive university Gesamthochschule
compulsion Zwang
compulsive (adj) zwangs-

mäßig

compulsory obligatorisch, gesetzlich

compulsory education allgemeine Schulpflicht

compulsory non-military national service *(ehem.)* Zivildienst (D); **person on ~** Zivildienstleistender *(„Zivi“)* (D)

compulsory school age gesetzliches Einschulungsalter; **to become of ~** das gesetzliche Einschulungsalter erreichen

compulsory subjects Pflichtfächer

computaholic Computerfreak

concept Vorstellung, Idee, Begriff; *auch:* Plan, Entwurf, Konzept; **the ~ of attachment** der Bindungsbegriff; **the ~ of containment** der Begriff des Umschlossenseins, Aufgehobenseins

concept formation Begriffsbildung

conception Plan, Konzeption, Entwurf; *auch:* Empfängnis

concomitant | effect Begleiterscheinung, **~ learning** inzidentes Lernen, "Lernen nebenbei" (**>** *incidental learning*)

concussion of the brain Gehirnerschütterung

condition Bedingung

conditioned (adj) *(psych)* bedingt, konditioniert

conditioning therapy *(psych)* Verhaltenstherapie

confer (v) ; **to ~ with somebody** sich mit jemandem beraten

confidence Vertrauen, Selbstvertrauen

confident (adj) zuversichtlich, selbstbewusst

confidential (adj) vertraulich

confirm (v) bestätigen

conflict avoidance Konfliktvermeidung

conflict evasion Konfliktvermeidung

confusing (adj) verwirrend

connecting (päd) Verbundenheit

connection schema das Verhaltensmuster der „Verbindung“

conscience Gewissen

conscientious objector *(ehem.)* Wehrdienstverweigerer *(aus Gewissensgründen)* (D)

conscious (adj) bewusst

• **consciousness** Bewusstsein

conscription Einberufung, Wehrpflicht

consent (v) zustimmen; **age of ~** (Ehe-) Mündigkeit
conservation Naturschutz
conservationist Naturschützer
consistency (adj) Beständigkeit
consistent (adj) konsistent, einheitlich
console (v) jmd. trösten
constipation Verstopfung
constraint Zwang
consultant Gutachter, Spezialist
contact list Adressenliste
contact person Ansprechpartner/in
contact time die Zeit, die eine Erzieherin mit dem Kind verbringt
contagious disease ansteckende Krankheit
containment Umschlossensein, Aufgehobensein
containment scheme das Verhaltensmuster des Umschließens, Einfüllens
contemporaries Gleichaltrige
content analysis Inhaltsangabe
contextual approach Situationsansatz
contiguity Berührung, Nähe, Nachbarschaft
contingency Möglichkeit, Zufall
contraception Empfängnisverhütung
contract of employment Dienstvertrag
contribute (v) beisteuern
contributing *(päd)* Mitwirkung
contribution Beitrag
Convention on the Rights of the Child Übereinkommen über die Rechte des Kindes (Vereinte Nationen, 1989)
convey (v) mitteilen, ausdrücken
convey sth. to somebody jmd. etwas vermitteln
cooperation Mitarbeit
cooperative (adj) kooperativ, mitarbeitsbereit
cooperative (society) Genossenschaft
cope (v) verkraften, bewältigen
core aims and objectives zentrale Zielsetzung
core and radial schema das Verhaltensmuster von „Nabe und Speichen“
core Kern, Herz, Mark; **~ curriculum** Pflichtfächer; **~ knowledge** Grundwissen; **~ principles** Grundprinzipien
corporal punishment körperliche Bestrafung

cot Kinderbett
council Rat, Ratsversammlung; **local ~** Gemeinderat; **city/town~** Stadtrat
council estate Wohnviertel mit Sozialwohnungen
council flat Sozialwohnung
council housing (Brit) sozialer Wohnungsbau
council tenant Mieter einer Sozialwohnung
counselling Beratung; **educational ~** Erziehungsberatung; **group ~** Gruppenberatung; **individual ~** Einzelberatung; **parent ~** Elternberatung; **vocational ~** Berufsberatung
counselling in child care Mütterberatung
counselling services Beratungsdienste
counselling students in training Praktikantenberatung
counsellor Berater / Beraterin
counting frame Rechenrahmen
country of origin Herkunftsland
course (of instruction) Lehrgang
cover (v) *(fig)* abdecken, behandeln; **the meeting should ~ the following aspects** die folgenden Aspekte sollten in dem Treffen besprochen / behandelt werden
coverage rate Anteil; **what is the ~ for children in day nurseries?** wie hoch ist der Anteil der Kinder in Krippen?; **universal coverage** hundertprozentige Abdeckung
cradle Wiege
craft Fertigkeit, Geschicklichkeit, Kunst
craft classes Werkunterricht
craft shop Werkraum
craft teacher Werklehrer/in
crash (*sl*) schlafen **the boy's welcome to ~ with us any time** der Junge kann jederzeit gerne bei uns schlafen
crawl (v) krabbeln, kriechen, schleichen
crawler Krabbelkind
crayon Buntstift; **wax ~** Wachsmalstift
creative corner Spielecke für künstlerische Aktivitäten
creative development Entwicklung der kreativen Fähigkeiten
creativity Kreativität

crèche Krippe; Gelegenheitsbetreuung, z.B. Kinderbetreuung bei Veranstaltungen sowie für betriebliche Einrichtungen
credit Anerkennung, Ansehen; **to her ~, she is managing to reflect on her work** man muss es ihr anrechnen, dass sie es schafft, über ihre Arbeit nachzudenken
creeping on hands and feet Vierfüßer-Gang
crib Kinderbettchen, Gitterbett
cross-cultural (adj) interkulturell
cross-disciplinary learning fachübergreifendes Lernen
cross-section *(repräsentativer)* Querschnitt
crowd Menge
cube Würfel
cuddle (v) schmusen, hätscheln
cuddly toy Kuscheltier
cultural diversity kulturelle Vielfalt
culturally alienated soziokulturell benachteiligt / randständig
curious (adj) neugierig, *auch:* ungewöhnlich, merkwürdig
current practice die aktuelle Praxis
currently (adj) gegenwärtig, zur Zeit
curriculum Lehrplan
curriculum design Lehrplangestaltung
curriculum vitae (C.V.) Lebenslauf
custodial care Beaufsichtigung und Pflege (des Kindes)
custodial parent sorgeberechtigter Elternteil
custodial rights Sorgerecht; **person having ~** Sorgeberechtigter
custodian *(jur)* Betreuer/in
custody Obhut, Sorgerecht; **joint ~** gemeinsames Sorgerecht; **full ~** alleiniges Sorgerecht; **be in ~ of somebody** unter jmds. Obhut; **the mother was given (the) ~ of the children** die Mutter erhielt das Sorgerecht für die Kinder; **right of ~** Sorgerecht; **withdrawal of (the right of) ~** Sorgerechtsentzug
cutback Kürzung, Senkung *(von Mitteln, Leistungen)*; **~ in the social welfare system** Sozialabbau
cute (adj) süß, niedlich

cuts Kürzungen *(finanzieller Art)*
cycle Turnus; **on a 3-week ~** im 3-Wochen-Turnus
cycle way Fahrradweg
cylinder inset *(Montessori)* Einsatzzylinder

D

dab *(schema)* Klecks, Tupfer
daft (adj) (F) verrückt, blöd, bekloppt
daily allowance Tagegeld, Pflegesatz
daily rota Tagesplan
day care Tagespflege
day care center (US) > *child care center*
day care centre (for children and young people) Kindertagesstätte (Kita), Tageseinrichtung für Kinder im Vorschulalter, z.T. auch im Schulalter
day care establishment for children Tageseinrichtung für Kinder
day care institution Tageseinrichtung für Kinder
day care mother Tagesmutter
day nursery Tageseinrichtung für Kinder bis 4 Jahre
day unit Tageseinrichtung
daily schedule Tagesablauf
DDA > *Disability Discrimination Act*
deaf (adj) gehörlos, taub; **the ~** die Gehörlosen
deaf and dumb (F) taubstumm
deaf person Gehörlose(r)
deafening (adj) ohrenbetäubend
deaf-mute (adj) *(veraltet)* taubstumm
decentration Dezentrierung
decreased reduziert, geschmälert
defamation Diffamierung
defect *(veraltet)* Mangel, Fehler, Defekt; **speech ~** Sprachschädigung; **physical ~** Körperbehinderung
defective child *(veraltet)* geistig (intellektuell) zurückgebliebenes Kind
defence mechanism *(psych)* Abwehrmechanismus
defensiveness Abwehrhaltung, Überempfindlichkeit (gegenüber Kritik)
defiance Trotz
deficiency Unzulänglichkeit

deficit model Defizitmodell in der Erziehungswissenschaft > *competence model*
degree (akad.) Grad
degree course Studiengang an einer Hochschule (der zu einem akad. Abschluss führt)
deinstitutionalization Herausnahme aus institutioneller Unterbringung (Heim, Anstalt)
delicate (adj) zart, fein, empfindlich, schwächlich
delicate child Risikokind
delinquency Kriminalität, Straffälligkeit
delinquent Straftäter; (adj) kriminell
deliver (v) entbinden, zur Welt bringen
delivery *(päd)* Durchführung, Anwendung; **mode of ~, method of ~** Art der Durchführung
delivery room Kreißsaal
delousing Entlausung
demand Bedarf, Nachfrage
denominational school Bekenntnisschule
dentition Zahnung *(bei Kindern)*
Department for Children, Schools and Families (DCSF) (Brit) Bildungsministerium (2007-2010)
Department for Education (Brit) Ministerium für Bildung in England seit 2010
Department of Education (NI) Bildungsministerium in Nordirland
Department of Education (DOE) (US) Erziehungsministerium in USA
Department of Education and Skills (DES) (Irl) Ministerium für Erziehung (seit 2010)
Department of Health and Human Services (DHHS) (US) Ministerium für Gesundheit und Soziales
dependency Abhängigkeit
dependent (adj) abhängig
dependent child abhängiges Kind
deploy (v) (Mitarbeiter) einsetzen, einplanen
deprivation *(Liebes- etc.)* Entzug, Verlust, Entbehrung, Mangel, Deprivation
deprive (v) jemandem etwas vorenthalten, entziehen; *(i.w.S.)* jemanden berauben
deprived (adj) unterprivilegiert, sozial benach-

teiligt
deprived child an Liebesentzug, Zuwendungsmangel leidendes Kind
deprived minority entrechtete Minderheit
deprived persons benachteiligte, unterprivilegierte Personen
desire Begehren, Wunsch, Verlangen
desire for education Bildungsdrang
desire to change Leidensdruck
desk officer Sachbearbeiter(in)
destitute (adj) verwahrlost
destitution Verwahrlosung, äußerste Verarmung
detached youth work aufsuchende Jugendarbeit, mobile Jugendarbeit
detachment process *(psych)* Ablösungsprozess
detain (v) festhalten, in Haft halten
detention (Brit) *(jur)* kurzzeitige Freiheitsstrafe für Jugendliche; Nachsitzen *(in der Schule)*
detention centre (Brit) Jugendstrafanstalt für Kurzzeitstrafen
determination Entschlossenheit
determine (v) entscheiden, feststellen, bestimmen, ermitteln, beschließen
determined festgelegt, entschlossen
develop (v) (sich) entwickeln, (Muskeln etc.) bilden, (Fähigkeiten) entfalten, (Gedanken, Plan) ausarbeiten
development Entwicklung, Bildung, Wachstum; **mental ~** geistige Entwicklung
development delay Entwicklungsverzögerung
development of motor skills Entwicklung der motorischen Fähigkeiten
development plan Entwicklungsplan, Arbeitsplan
developmental age Entwicklungsalter
developmental disorder Entwicklungsstörung
developmental levels Entwicklungsstufen
developmental lines Entwicklungslinien
developmental progress Entwicklungsfortschritt
developmental psychology Entwicklungspsychologie
developmental stage

Entwicklungsstufe
developmental tasks Entwicklungsaufgaben
developmentally appropriate entwicklungsmäßig angemessen
deviant behaviour abweichendes Verhalten, Verhaltensauffälligkeit
deviation Devianz
devolution (Brit) Dezentralisierung *(insbesondere Übertragung von Rechten an schottische, walisische, nordirische Behörden)*
diaper (US) Windel; **put on / change a baby's ~** Baby wickeln / Windeln wechseln
diaper rash Wundsein *(beim Säugling)*
diary Tagebuch, Terminkalender
dice game Würfelspiel
didactic (adj) didaktisch, lehrhaft, belehrend
didactic toys lehrreiches, didaktisches Spielzeug
diet Nahrung, Ernährung; **vegetable** ~ vegetarische Ernährung; **be on a ~** auf Diät gesetzt sein
dietary requirements Diät-, Essensvorschriften
differ from (v) sich unterscheiden von
differentiate (v) unterscheiden, differenzieren
differently abled people (US) *(politisch korrekt für)* behinderte Menschen
differentiation by ability Leistungsdifferenzierung
dignity Würde
dinner Hauptmahlzeit, *(warmes)* Mittag- oder Abendessen; **after ~** nach dem Essen
direct teaching Frontalunterricht
disability Beeinträchtigung, Leistungsminderung, Körperbehinderung; Unvermögen; **learning ~** Lernbehinderung
Disability Discrimination Act (DDA) (Brit) Gesetz zur Gleichstellung von Behinderten
disability rights movement Behindertenrechtsbewegung
disability studies (US) Studien zur Behinderung *(interdisziplinärer Studiengang unter Einschluss der Pädagogik)*
disabled (adj) (körperlich oder geistig) behindert
disabled person Behinderte(r); **integration of ~s** Rehabilitation

Behinderter
disablement Behinderung
disadvantage Nachteil, Schaden
disadvantaged (adj) benachteiligt
disadvantaged group benachteiligte Gruppe
discipline Schulung, Erziehung, Disziplin; **well ~d** (wohl)diszipliniert; **badly ~d** undiszipliniert
discretion Umsicht, Besonnenheit; Verfügungsfreiheit; **age** (*od.* **years**) **of ~** Strafmündigkeit; Gutdünken; **at (your) ~** nach (Ihrem) Belieben
discretionary (adj) nach eigenem Ermessen
discriminate (v) (scharf) unterscheiden; **~ between** unterschiedlich behandeln; **~ against s.o.** j-n benachteiligen oder diskriminieren; **~ in favour of s.o.** j-n begünstigen oder bevorzugen
discrimination unterschiedliche Behandlung, Diskriminierung; **~ against (in favour of) someone** Benachteiligung (Begünstigung) einer Person
discriminatory practice diskriminierende Praxis
disdain Hochmut, Verachtung
disease Krankheit, „Laster"; **contagious ~** ansteckende Krankheit
disinfest (v) von Ungeziefer befreien, entlausen
dismal (adj) bedrückend, trostlos, furchtbar
disorder Störung, Krankheit; **speech ~** Sprachstörung
disparity Ungleichheit
display (v) ausstellen; aushängen; ~ sth. etwas ausstellen
display Auslage, Ausstellung; frei zugängliches Spielzeug / Material im Gruppenraum
disposable nappy Einmalwindel aus Papier
dispute Streit
disrupt (v) stören
disruptive child schwer erziehbares Kind
disseminate (v) (Ideen) verbreiten
dissemination Verbreitung
distinct (adj) deutlich, ausgeprägt
distance learning Fernunterricht
distract (v) ablenken
distracted (adj) abgelenkt, zerstreut
distress Schmerz, Kummer,

Hilfsbedürftigkeit, akute Not
distrustful (adj) misstrauisch
disturbance Störung
diversity Vielfalt, Heterogenität, Verschiedenheit
divorce (Ehe)Scheidung; **obtain a ~** geschieden werden; **seek a ~** auf Scheidung klagen; (v) scheiden
divorcee Geschiedene(r)
doctor's certificate ärztliches Attest
do-gooder (F) Weltverbesserer; Gutmensch
dole milde Gabe; **be** (*od.* **go**) **on the dole** (Brit) arbeitslos sein
doll *(Spielzeug-)*Puppe; **~'s house** Puppenstube, -haus; **~'s pram** Puppenwagen; **~'s face** *(fig)* Puppengesicht
doll's corner Puppenecke, Spielecke
dolly *(Kindersprache)* Puppe
domestic (adj) häuslich, Haushalts-, Familien-
domestic | economy, **~ science** Hauswirtschaftslehre
domestic affairs häusliche Angelegenheiten (*auch:* innere Angelegenheiten / Innenpolitik)
domestic life Familienleben
domestic partnership (US) eingetragene Partnerschaft
domestic play area Wohnbereich, Wohnecke im Gruppenraum
domestic rights Rechte einer Frau als Hausfrau
domestic violence Gewalt in der Familie
dormitory Schlafsaal
dough (play-dough) Teig; Knetmasse
Down's Syndrome Down-Syndrom
draft (v) entwerfen, abfassen eines Entwurfs
draft Entwurf, Konzept, Erstfassung
drama Schauspiel, auch als Unterrichtsfach; **~ group** Laienspielgruppe
draw (v) ziehen, zuziehen; zeichnen, malen; ein Los ziehen, losen; **~ up** einen Plan machen, entwerfen, ausarbeiten
drawing Zeichnung, Skizze; **~ block** Zeichenblock; **~ pin** Reißzwecke
drawstring Kordel an Kleidungsstücken
drill Drill, Exerzieren, strenge Schulung

drive *(psych)* Trieb, Antrieb
drop off (v) *(z.B. Kind in die Kita)* bringen; jemanden absetzen
drop-in centre Jugendcafé, Teestube
drop-in facility offenes Angebot
drop-out Aussteiger(in); **school ~** Schulabbrecher(in)
drug Medikament, Droge
drug abuse Drogenmissbrauch, Arzneimittelmissbrauch
drug addict Drogensüchtige(r)
drug counselling Drogenberatung
drug dependency Drogenabhängigkeit
drug withdrawal Drogenentzug
dry-nurse Säuglingsschwester *(veraltet)*
dual citizenship doppelte Staatsbürgerschaft
dumb down (v) Anspruchsniveau bzw. geistiges Niveau herunterschrauben *(in der Schule)*
duty Pflicht; **~ to give assistance** Fürsorgepflicht; **~ to maintain confidentiality** Schweigepflicht; **~ of supervision (parental)** Aufsichtspflicht (der Eltern)
duty rota Dienstplan
dyad Dyade, Paarverhältnis
dyslexia Legasthenie, Lese-Rechtschreib-Schwäche

E

early bonding Primärbeziehung
early childhood Kleinkindalter
early childhood development frühkindliche Entwicklung
early childhood education Kleinkindpädagogik, frühkindliche Erziehung
early childhood institutions vorschulische Erziehungseinrichtungen
early childhood special education Frühförderung für lernbehinderte Kinder
early-childhood teacher Erzieher(in) im vorschulischen Bereich
early-childhood worker / educator Erzieher(in) im vorschulischen Bereich, Früherzieher/in

early education childcare worker (Brit) Synonym für > *nursery nurse*

Early Excellence Centre (EEC) (Brit) (*etwa* „Zentrum ausgezeichneter Früherziehung" Tageseinrichtungen, die sowohl in der vorschulischen Erziehung wie in der Eltern- und Familienarbeit neue Wege beschreiten; seit 2003 ersetzt durch > *children's centres*; in D. und Ö. ein pädagogisches Konzept von Kinder- und Familienzentren

Early Head Start Program (US) Programm zur Unterstützung werdender Mütter und junger Familien aus einkommensschwachen Schichten *(seit 1994)*

early infancy Säuglingsalter

early shift Frühdienst, Frühschicht

early years education Früherziehung

early years professional (EYP) (UK) Fachkraft für frühe Kindheit

early years setting Einrichtung der Früherziehung; *i.w.S.* Kindertageseinrichtung

eating disorder Essstörung

EBacc (English Baccalaureate) Englische Schulabschluss-Prüfung, die das > *GCSE* ersetzen soll

ECEC (Early Childhood Education and Care) frühkindliche Erziehung und Betreuung

ecological (adj) ökologisch, Umwelt...

ecologically | harmful umweltfeindlich; **~ beneficial** umweltfreundlich

ecology Ökologie

ecology-minded (adj) umweltbewusst

eco-sensitive (adj) umweltbewusst

ecosystem Ökosystem

educare Erziehung verbunden mit Pflege

educate (v) erziehen, unterrichten, ausbilden

educated (adj) gebildet

education Erziehung, (Aus-) Bildung, Bildungsstand, Schulwesen, Ausbildungsgang, Pädagogik, Erziehungswissenschaft; **compulsory ~** allgemeine Schulpflicht; **elementary ~** Volks-, Grundschulbildung;

Volksschulwesen; **general ~** Allgemeinbildung; **health ~** Gesundheitserziehung; **pre-school ~** Vorschulerziehung; **primary ~** Grundschulerziehung; **remedial ~** Heilerziehung, Heilpädagogik; **secondary ~** Erziehungsabschnitt für 12 – 17-Jährige; **special ~ class** Sonderklasse für (lern) behinderte Schüler(innen), **vocational ~** Berufsausbildung

education act Schulgesetz

education of leisure Freizeiterziehung, Freizeitpädagogik

education system Bildungswesen

educational (adj) erzieherisch, Erziehungs-, pädagogisch, Unterrichts-

educational adviser *etwa:* Kita-Berater

educational career Bildungsgang

educational counselling Erziehungsberatung

educational counsellor Ausbildungsberater

educational court orders *(jur)* Erziehungsmaßregeln

educational endeavours pädagogische Bemühungen

educational leave Bildungsurlaub

educational level Bildungsniveau

educational measures Erziehungsmaßnahmen

educational methods Erziehungsmittel

educational misery Bildungsnotstand

educational psychologist Schulpsychologe /Schulpsychologin

educational psychology Schulpsychologie

educational reform movement reformpädagogische Bewegung

educational therapist Heilerziehungspfleger/in

educational toys pädagogisch wertvolles Spielzeug

educationist, educationalist Erziehungswissenschaftler, Pädagoge

educationally subnormal child (ESN) lernbehindertes Kind

educative (adj) erzieherisch, Erziehungs-, bildend, Bildungs-

educator Erzieherin, Erzieher; Pädagoge/in, Erziehungswissenschaftler-/in. Dieser Begriff ist im

Englischen zur Bezeichnung von Berufen in der Kinder- und Jugendhilfe wenig gebräuchlich, stattdessen gibt es eine Vielzahl von Berufsbezeichnungen für das jeweilige Tätigkeitsfeld entsprechend der unterschiedlichen Ausbildungsgänge

edutainment bildende Unterhaltung

EEC > *Early Excellence Centre*

effort Anstrengung

e-generation Internet-generation, Computer-generation

ego *(psych)* Ich, Ego; Selbstbewusstsein

egoism Egoismus

egotism Geltungsbedürfnis

elderly, the Senioren, ältere Menschen

elementary education Volks- Grundschulbildung; Volksschulwesen

elementary family Kern-familie

elementary school Grund-schule

eligibility test Eignungstest

eligible (adj) berechtigt, geeignet

embedded context Milieu, in welches jemand eingebettet ist

emergency folder Notfall-ordner

emerging skills neu ent-stehende, junge Fertigkeiten

emotional bonding emotionale Bindung

emotional dependency emotionale Bindung, Abhängigkeit

emotional well-being emotionales Wohlbefinden

emotionally disturbed emotional, psychisch, seelisch gestört

empathise (v) sich einfühlen

empathy Einfühlungs-vermögen, Empathie

employ (v) beschäftigen, einstellen

employee Arbeitnehmer

employer Arbeitgeber

employment | agency, ~ bureau Stellenvermittlung; **~ and training pro-grammes** Beschäftigungs- und Ausbildungs-programme; ~ **service agency** Arbeitsamt

empower (v) stärken, unterstützen

empowerment Stärkung; Unterstützung *(bes. sozialer Minderheiten)*

empty nest Familie, deren Kinder ausgezogen sind; **~ syndrome** Gefühl der Verlassenheit, wenn die Kinder ausgezogen sind
enable (v) jmd. befähigen, etw. ermöglichen
enabler Pfleger(in), Betreuer(in)
enacted social institution soziale Einrichtung
enactive mode darstellende Methode
enclosed play space eingezäuntes Spielgelände
enclosure *(schema)* Ein-, Umgrenzung, Umhegung
enclosure schema das Verhaltensmuster „einzäunen, umgeben"
encounter Begegnung
encourage (v) ermuntern, unterstützen, fördern
encouraging (adj) ermutigend, vielversprechend
end Resultat, Zweck
engaged (adj) vertieft; **deeply ~** mit voller Aufmerksamkeit bei einer Sache sein
enhance (v) verbessern, unterstützen
enhancing school performance schulische Leistungen verbessern
enjoyment Vergnügen; **~ without restraints** Vergnügen ohne Beschränkungen
enrol (v) sich anmelden, einschreiben
enrolment Anmeldung
enrolment fee Anmeldegebühr
enrolment form Anmeldeformular
ensuring readiness to learn and readiness for school die Bereitschaft zum Lernen sicherstellen und die Schulreife gewährleisten
entitlement Berechtigung
entrance examination Aufnahmeprüfung
entrance qualification for ... Eingangsvoraussetzung *(z.B. für Schulbesuch, Ausbildung)*
entry requirement Zugangsvoraussetzung
entry unemployment Jugendarbeitslosigkeit
envelop (v) einwickeln, verhüllen
envelopment Hülle, Umhüllung
envelopment scheme das Verhaltensmuster der „Umhüllung"
environment Umwelt, Umgebung, Milieu; **warm,**

supportive ~ anregende, unterstützende Umgebung
environment laboratory Umweltlabor
environmental awareness Umweltbewusstsein
environmental education Umwelterziehung
environmental factors örtliche, räumliche Gegebenheiten
environmental influences Umwelteinflüsse
environmental pollution Umweltverschmutzung
environmental protection Umweltschutz
environmentalist Umweltschützer
equal opportunities Chancengleichheit
Equal Opportunities Commission (Brit) Amt für Gleichstellung
equal protection clause Gleichheitsgrundsatz
equal rights for women Gleichberechtigung der Frau
equal treatment Gleichbehandlung
equality of rights Gleichberechtigung
equally entitled (adj) gleichberechtigt
equitable (adj) gerecht
escape conditioning negative Verstärkung
ESN > *educationally subnormal child*
essential (adj) wesentlich, erforderlich; **~ly** im Wesentlichen, eigentlich, in der Hauptsache
establish (v) einrichten, etablieren, aufbauen
establish relationships Beziehungen herstellen
establishment Einrichtung, Anstalt
establishment without fixed membership offene Einrichtung
esteem Wertschätzung, Achtung
estimate (v) schätzen
ethnic German children Aussiedlerkinder
ethnic joke Witz auf Kosten einer ethnischen Minderheit
ethos Leitgedanke, Philosophie, Ethos
European Baccalaureate Europäisches Abitur
European Union (EU) Europäische Union (EU)
evaluate (v) auswerten, bewerten
evaluation Auswertung, Bewertung; **self-~** Selbstbewertung, Selbst-

einschätzung

even-handed (adj) gerecht; **she is ~ with all the children** sie behandelt alle Kinder gleichberechtigt

evening | classes, ~ school Abendschule, Fortbildungskurs; Zweiter Bildungsweg

evidence of having a positive attitude eine positive Einstellung war vorhanden

evoke (v) hervorrufen

examination Prüfung, Untersuchung, Examen

examination paper Prüfungsarbeit, -aufgabe

examine (v) prüfen, untersuchen

exceptional child Sonderkind, von der Norm abweichendes Kind

exclude (v) ausgrenzen

exclusion Ausschluss, Ausgrenzung

exempt (v) befreien, ausnehmen

exercise book Schulheft

exercise therapy Bewegungstherapie

expectations of ... Erwartungen an ...

expenditure cut Ausgabenkürzung

expenses Kosten, Ausgaben

experience (Lebens)Praxis, (praktische) Erfahrung, Fach-, Sachkenntnis; **previous ~** Vorkenntnisse

experienced (adj) erfahren, fachkundig

experiential (adj) empirisch; **~ knowledge** praktische Erfahrung; *(päd)* **~ learning** Lernen durch systematische Beobachtung und praktische Erfahrung; **~ arena** Erfahrungsfeld

explanation Erklärung

exploratory |activities, ~ experiences forschendes Handeln

exploratory trip Erkundung (Exkursion)

exposed, to be ~ (v) ausgesetzt sein *(auch fig.)*

exposure (Kindes-) Aussetzung; Ausgesetztsein; **to suffer from ~** an Unterkühlung leiden

expressing *(päd)* Sich-Ausdrücken

extend (v) ausweiten, erstrecken

extended family Mehrgenerationen-Familie, Großfamilie

extended hours erweiterte Öffnungszeiten

extended nursery and primary schools erweiterte

Einrichtung von Kindergarten und Grundschule *(Initiative der brit. Regierung in den 90er Jahren)*

extended-age centre altersübergreifende Tageseinrichtung

external observer nicht teilnehmender Beobachter

extrafamilial care außerfamiliäre Kinderbetreuung

extrafamilial influences außerfamiliäre Einflüsse

EYP > *early years professional*

F

face-to-face contact direkter persönlicher Kontakt

facial expression Gesichtsausdruck, Mimik

facilitate (v) erleichtern

facilitator Vermittler(in), Moderator(in)

facility Einrichtung, Institution

fact of experience Erfahrungstatsache

factual books Sachbücher

facultative subject Wahlfach

faculty Fähigkeit, Vermögen; Gabe, Talent

faculty of hearing Hörvermögen

faculty of speech Sprachvermögen

fail (v) (*in einer Prüfung*) durchfallen; **~ in** in (*einem Fach*) durchfallen; jemanden durchfallen lassen

fail ein „nicht bestanden"; **he got a ~ in English** er ist in Englisch durchgefallen

failure Durchfallen (in der Prüfung); Versager, (F) „Niete"

fairy Fee, Elfe

fairy tale Märchen

fairyland Feen-, Märchenland

familiar (adj) vertraut, bekannt, gewohnt; **to be ~** vertraut sein mit

familiarization Eingewöhnung

familiarization visit Besuch zum Kennenlernen

family Familie; Geschlecht; Sippe; Verwandtschaft; **a ~ of four** eine vierköpfige Familie; **start a ~** eine Familie gründen; **to be ~** zur Familie gehören; **to be (like) one of the ~** (praktisch) zur Familie gehören

family advice centre Familienberatungsstelle

family aide Familienhelfer(in)

family allowance (Brit) *(veraltet)* Kindergeld

family benefit Kindergeld

family care familiäre, elterliche Pflege

family centre (Brit) Tageseinrichtung für Kinder und Eltern („Familienzentrum")

family counselling Familienberatung

family credit (Brit) Kindergeld *(bes. zur Unterstützung von finanzschwachen Familien)*

family daycare Tagespflegestelle; Familientagespflege; **~r** Tagesmutter

family doctor Hausarzt / Hausärztin

family dysfunction *(psych)* Familienstörung

family name Familienname

family oriented policy familienorientierte Politik

family placement Familienunterbringung

Family Planning Association (Brit) Stiftung, die bei Schwangerschaftsproblemen berät und hilft sowie Kliniken betreibt

family reunion Familienzusammenführung

family support measures familienunterstützende Maßnahmen

family ties Familienbindung

family values der Wertbegriff der Familie, die Werte von Ehe und Familie

family worker ***(at a nursery)*** Erzieher(in), der/die für ein Kind unddessen Eltern zuständig ist

fantasy Vorstellung, Hirngespinst, Einbildung; **a world of ~** eine Traumwelt

far senses Fernsinne

fastening Verschluss *(bei Kleidungsstücken)*

father-absent family vaterlose Familie

fatherhood Vaterschaft

father-in-law Schwiegervater

fatherless (adj) vaterlos

F.E. > *further education*

fear Furcht, Angst

feature Gesichtszug, Merkmal, Charakteristikum, Eigenschaft

fee Gebühr, Beitrag; **school ~** Schulgeld

feed (v) Nahrung zuführen, füttern; (**at the breast**) *einen Säugling* stillen

feeding bottle Saugflasche, Milchflasche
feel confident zuversichtlich sein
feeling of inferiority Minderwertigkeitsgefühl; **~ of superiority** Überlegenheitsgefühl
feeling of self-worth Selbstwertgefühl
fee-paying (adj) gebührenpflichtig
feisty lebhaft, quirlig
fellowship Stipendium
felt-tip pen Filzschreiber
female weiblich; **a ~ student** eine Studentin
female education Frauenbildung
feral child in Tiergesellschaft aufgewachsenes, wildes Kind, z.B. Wolfskind
fertility Fruchtbarkeit
fertility clinic Klinik zur Behandlung zeugungsunfähiger Paare
fertility rate Geburtenrate
fetus, foetus Fötus, Leibesfrucht
fidget Unruhe, Zappelei; „Zappelphilipp"; (v) herumzappeln
fidgety nervös, zappelig
field trip Ausflug, Exkursion
field of interest Interessengebiet
fight over fundamental issues Prinzipienstreit
file Akte; Datei; **~ keeping** Aktenführung
file (v) zu den Akten nehmen
filial (adj) kindisch, Kindes..., Sohnes..., Tochter...
filiation Kindschaftsverhältnis
final examination Abschlussprüfung
final-year class Abschlussklasse
financial approval, *e.g.* **of a grant** Bewilligung, *z.B.* eines Zuschusses
fine Geldstrafe
fine motor development feinmotorische Entwicklung
fine motor (muscle) skills Feinmotorik
finger Finger; **first, second, third ~** Zeige-, Mittel-, Ringfinger **fourth (***od.* **little)** kleiner Finger; **keep one's fingers crossed for s.o**. j-m den Daumen drücken; **five ~ exercise** *(fig)* Kinderspiel
finger spelling Fingerzeichensprache, Gehörlosensprache, Gebärdensprache
fingerpaint Fingerfarbe; (v) mit Fingerfarbe malen

fingertip Fingerspitze
fire drill Feuerschutzübung
first contact Anlaufstelle
first language acquisition Erstspracherwerb
first language Muttersprache
first name Vorname
first school Grundschule
fit of rage Rappel, Wutanfall
flat rate Pauschale, festgesetzter Beitrag
flatmate Mitbewohner
flitting (adj) *(päd)* sprunghaft
flogging Tracht Prügel, Prügelstrafe
flooding Reizüberflutung
floor exercises Bodenturnen
flow of information Informationsfluss
fluent (adj) flüssig, geläufig
focused intervention zielgerichtete Intervention, Unterstützung
foetus > *fetus*
folktale Volksmärchen
folkways Brauch, Brauchtum
follow rota den Dienstplan befolgen; *(vom Dienstplan vorgesehene)* Routine-Tätigkeiten durchführen
follow-my-leader Kinderspiel, bei dem jede Aktion des Anführers nachgemacht werden muss
follow-up control Erfolgskontrolle
follow-up study Anschlussstudie
forceps delivery Zangengeburt
foreign born im Ausland geboren
foreign language acquisition Fremdsprachenerwerb
foreign worker ausländische(r) Arbeitnehmer(in)
foreigner Ausländer
form (Schul)Klasse
form (v) formen, bilden
form teacher Klassenlehrer/in
formation Bildung, Entstehung
formative (adj) prägend; ~ **years** prägende, entscheidende Jahre
formula Milchpulver für Babys; adaptierte Babynahrung
foster (v) *(Kind)* aufziehen, in Pflege haben oder geben; fördern
foster child (parents, father, mother etc.) Pflegekind, -eltern, -vater, -mutter etc.
found (v) gründen *(Vergangenheit: founded)*
foundation Stiftung; **charitable** ~ gemeinnützige Stiftung

foundation stage Elementarbereich, 3 bis 5 Jahre
foundation subject Pflichtfach, -Gegenstand
foundling Findling, Findelkind; **~ hospital** Findelhaus
fraternal twins zweieiige Zwillinge
free choice activity Freiarbeit
free interchange Durchlässigkeit *(fig)*
free flow play „free flow play“, vertieftes, frei fließendes, selbstvergessenes Spiel
free of charge beitragsfrei
free play Freispiel
free provision of teaching materials Lernmittelfreiheit
free work Freiarbeit
freedom principle das Prinzip Freiheit
freelance (adj) freischaffend, freiberuflich
freelancer Freiberufler; freier Mitarbeiter
frequency Häufigkeit
freshman Student im 1. Semester
Freudian slip Freudsche Fehlleistung
fringe Rand, Randbezirk; **on the ~s of society** am Rand der Gesellschaft; **the ~** die Alternativszene
fringe benefit Zusatzleistung zum Gehalt
fringe group Randgruppe
front office Sekretariat, Empfang
full age, of ~ mündig, volljährig
full sister leibliche Schwester
full-day schooling Ganztags-Schulwesen
full-time (adj) hauptberuflich (tätig), ganztags; **she works ~** sie arbeitet ganztags
full-time care Ganztagsbetreuung
full-time job Ganztagsstellung
full-time training school, **full-time vocational school** Berufsfachschule (D)
full-time worker hauptamtliche(r) Mitarbeiter(in)
full-timer ganztägig Beschäftigte(r)
fully-fledged (adj) voll entwickelt
fundamental skills Grundfähigkeiten
funded education (öffentlich) finanzierte Erziehungseinrichtungen
funding Finanzierung
funding arrangements die Art der Finanzierung
funding problems

Finanzierungsprobleme
fund-raising Geld-, Mittelbeschaffung, Spenden einsammeln
funnies *(pl)* (F) Comic strips, Witzseite
further education Fortbildung, Weiterbildung, tertiäres Bildungssystem; > **college of ~ further education course** Fortbildungsveranstaltung
further reading Literaturhinweise
further training Fortbildung, Weiterbildung

G

gaga (adj) *(coll)* plemplem, vertrottelt
game Spiel, Sport; **games** (Brit) (Schul)-Sport; **board** ~ Brettspiel
game of skill Geschicklichkeitsspiel
games teacher (Brit) Sportlehrer/in
GCE > *General Certificate of Education*
GCSE > *General Certificate of Secondary Education*
gender soziales Geschlecht; grammatisches Geschlecht, Genus
gender identity Geschlechtsidentität
gender mainstreaming Förderung der Chancengleichheit für Frauen und Männer
gender stereotypes Geschlechtsrollenklischees
gender studies interdisziplinäre Studien zur Gleichstellung von Frauen und Männern in der Gesellschaft
gendering Prozess der Ausbildung einer geschlechtsspezifischen Identität
General Certificate of Education (GCE) (Brit) *(etwa)* Mittlere Reife (D)
General Certificate of Secondary Education (GCSE) (Brit) *früher* **O-level (Ordinary level)**, erste Prüfung, die Schüler im Alter von 16 Jahren in England, Wales und Nordirland ablegen. Sie wird in einem bis (meist) sieben oder acht Fächern abgelegt. In Schottland >

Standard Grade (Scottish Certificate of Education)

general education Allgemeinbildung

general knowledge Allgemeinwissen

General National Vocational Qualification (Brit) Schulische Kurse und Abschlussprüfungen in berufsorientierten Fächern, wird an Fachschulen und Schulen erworben

general practitioner (GP) (Brit) Arzt / Ärztin für Allgemeinmedizin, praktischer Arzt / Ärztin; Hausarzt / Hausärztin

generation gap Generationsunterschied, Generationenkonflikt

generational cycle Generationszyklus

genetic heredity Anlage

genital stage genitale Phase

German measles Röteln

gestures Gesten, Handbewegungen

gift Geschenk, Begabung

gifted child (hoch)begabtes Kind

gifts and occupations *(päd) (Fröbel)* Spielgaben

give birth (v) gebären

gloop *(coll)* Pampe, etwas Klebriges

GNVQ > *General National Vocational Qualification*

going through *(schema, päd.)* Hindurchgehen, Durchschreiten

good practice hohe Qualität

gooey (adj) klebrig, pampig

GP > *general practitioner*

grade (Schul-)Klasse; **skipping ~** Klasse(n) überspringen

grade (v) **to ~ sb./sth.** jdn./etwas benoten

grade school (US) Grundschule

grading system Notensystem (Brit); Noten (**marks**) reichen von A (sehr gut) bis F oder G

graduate Hochschulabsolvent(in), Inhaber(in) eines akad. Grades; **high-school ~** (US) Schulabsolvent(in), Abiturient(in); (adj) (US) staatlich geprüft, Diplom..., *z.B.* **~ nurse** staatl. gepr. Krankenschwester

graduate school Studienangebote für Graduierte, i.w.S. die höheren Fachsemester

grammar school (Brit) Gymnasium; (US) Grund-

schule
grannie, granny (F) Oma
grant Stipendium, (Ausbildungs-) Beihilfe, Zuschuss; **education ~** Ausbildungsförderung; **recipient of a ~** Zuwendungsempfänger
grant (v) bewilligen
grant custody of a child *(jur)* (einem Elternteil) ein Kind zusprechen (bei der Scheidung)
grant-aid Förderung; **application for ~** Förderungsantrag
grasp (v) greifen
grasp(ing) reflex Greifreflex *(bei Babys)*
grassroots Basis
gratify (v) befriedigen, jmd. gefällig sein
great-grandchild Urenkel(in)
great-grandmother Urgroßmutter
great-great-grandfather Ururgroßvater
grid *(schema)* Gitter, Raster
gross motor development grobmotorische Entwicklung
grounded, to be ~ Stubenarrest haben
grounding Basis-, Grundlagenwissen; **give someone a thorough ~ in language and number work** jemandem eine gute Grundlage im sprachlichen Bereich und im Rechnen geben
group circle time Gruppenkreis
group counselling Gruppenberatung
group dynamics Gruppendynamik
group escort Gruppenbetreuer(in)
group interaction Gruppenverhalten
group leader Gruppenerzieher(in)
group pedagogics Gruppenpädagogik
group size Gruppengröße
group work Gruppenarbeit
grouped according to age altergemäße Eingruppierung
grow (v) wachsen; **haven't you grown!** bist du aber gewachsen!
grow apart (v) sich auseinander leben
grow into (v); **to ~ sth.** sich in etwas eingewöhnen
grow out (v); **to ~ of sth.** aus etwas herauswachsen, für etwas schon zu alt sein; **our daughter's ~n out of dolls** unsere Tochter ist aus dem

Puppenalter heraus
grow together (v) zusammen-wachsen, gemeinsam (auf-) wachsen
grow up (v) erwachsen werden; **to ~ on sth.** mit etwas aufwachsen
growing pains Wachstums-schmerzen
grown (adj) erwachsen, ausgewachsen
grown-up Erwachsener; (adj) erwachsen
growth spurt Wachstums-schub
guardian Vormund; **local authority ~** Amtsvormund
guardianship Vormundschaft, Pflegschaft
guardianship court Vormundschaftsgericht
guidance Führung, (An-) Leitung, Hilfestellung, Richtlinie; **child ~ (clinic)** Erziehungsberatung, Jugendpsychiatrie, heilpädagogische Betreuung
guidance counselor Psychologe zur Beratung Jugendlicher
guidance instructor Anleiter(in) während der praktischen Ausbildung
guidelines Richtlinien
guilt Schuld
gym *Abk. f.* **gymnasium** Turnhalle
gym-shoes Turnschuhe

H

half sister Halbschwester
half time halbe Arbeitszeit; (adj) Halbtags...
half-term (Brit) kurze Schulferien in der Mitte eines Trimesters (**term**)
half-wit *(coll)* Trottel, Depp
hall Aula
hall of residence Studenten-heim
Hallowe'en Abend vor Aller-heiligen
hammock Hängematte
handicap Behinderung *(heute oft abwertend benutzt)*; Nachteil; **mental / physical ~** geistige / körperliche Behinderung; **learning ~** Lernbehinderung; **the ~ped** die Behinderten
handicap accessible barriere-freier Zugang
handicapped (adj) behindert
handicapped children behin-derte Kinder

handicapped people Behinderte
handicraft Handarbeit, handwerklich
handicraft class Bastelkurs
handicrafts table Basteltisch
handout Arbeitsbogen, Infomaterial
hands on (to do sth. ~) (zum) Anfassen, Anpacken, „Vormachen“; praktisch, spielerisch
hands on approach interventionistischer Ansatz; Handlungsorientierung
hands on experience praktische Erfahrung
happy slapping Phänomen der Jugendgewalt, jmd. „aufmischen“, zusammenschlagen
harassment Belästigung
haven *(fig)* (sicherer) Hafen, Zufluchtsort, Asyl
H.E. > *Higher Education*
head Leiter(in)
head lice Kopfläuse
head of department Fachbereichsleiter(in)
head of school Schulleiter(in)
head-start Vorsprung
Head Start (US) > *Early Head Start Program*
headmaster *(veraltet)* Schulleiter
headmistress *(veraltet)* Schulleiterin
headteacher Leiter(in) einer Schule oder eines Kindergartens
health authority Gesundheitsamt
health care Gesundheitsfürsorge
health certificate ärztliches Attest, Gesundheitszeugnis
health education Gesundheitserziehung, -Aufklärung, -Lehre
health guidance Gesundheitsberatung
health insurance Krankenversicherung; **~ company** Krankenkasse
Health Service (Brit) staatlicher Gesundheitsdienst
health visitor Krankenpfleger(in) oder Krankenschwester an einer Sozialstation; Mitarbeiter(in) des Gesundheitsamtes
hearing Gehör; **to be hard of ~** schwerhörig sein
hearing aid Hörgerät
hearing defect Hörbehinderung
hearing impaired hörgeschädigt
hearing impairment Hör-

schädigung
hearing loss Hörverlust
heaven Himmel(reich), Paradies
helper syndrome Helfer-syndrom
helpline Notruf, telefonischer Beratungsdienst
hereditary (adj) erblich, angeboren
heuristic play materials Tastmaterialien; Spielmaterialien, die das Forschen und Suchen anregen
hidden curriculum heimlicher Lehrplan
hide-and-seek Versteckspiel; **to play ~** Verstecken spielen
hideaway Versteck, Zuflucht
hiding place Versteck
high school (US) Highschool, Oberschule, Sekundarstufe
highchair Hochstühlchen für Kinder
higher education Hochschulausbildung
Higher National Certificate (HNC) (Brit) Fachhochschulzertifikat
Higher National Diploma (HND) (Brit) Fachhochschuldiplom
Highers, Higher Grade *(scot)* schottische Hochschulreife; **to take one's Highers** (Scot) sein Abitur machen
highly gifted hochbegabt
high-risk group Risikogruppe
high-risk pregnancy Risikoschwangerschaft
hippotherapy therapeutisches Reiten
hold on festhalten
holding Halt geben; **the concept of ~** der Begriff des Halt-Gebens
holiday schemes for children and young people Kinder- und Jugenderholung
holiday(s) (Brit) Urlaub, Ferien, Feiertag; **school ~s** Schulferien; **to spend one's ~s in…** seine Ferien in ... verbringen
holistic (adj) ganzheitlich
holistic approach ganzheitlicher Ansatz
holistic learning ganzheitliches Lernen
holistic pedagogics ganzheitliche Pädagogik
home Zuhause, Heim; **to leave ~** ausziehen; **to set up ~** sich eine Wohnung einrichten; **come from a broken ~** aus einem

kaputten Zuhause kommen; **old people's ~** Altenheim; **parental ~** Elternhaus

home birth Hausgeburt

home corner Spielecke (im Gruppenraum)

home economics Hauswirtschaftslehre

home for the elderly Altenpflegeheim

home help Hauspfleger(in)

home help service (Brit) Hauspflegedienst für Behinderte

home language zu Hause gesprochene Sprache

home play area Wohnbereich, Wohnecke im Gruppenraum

homeless (adj) obdachlos; **the ~** (pl) die Obdachlosen; **~ness** Obdachlosigkeit

homemaker Hausfrau, Hausmütterchen

home-school agreement (HSA) (Brit) Übereinkommen zwischen Familie und Schule (in Vertragsform)

homework Hausaufgaben

hop and skip hüpfen und springen

horseplay (v) toben, Unfug anstellen

hospice Hospiz

hospital Krankenhaus; **children's ~** Kinderkrankenhaus; **maternity ~** Geburtsklinik

hospitalism Hospitalismus

hospitality Gastfreundschaft

hospitalization Krankenhauseinweisung, -Aufenthalt

host Gastgeber(in)

host family Gastfamilie

hostile (adj) feindselig, abgeneigt, ungünstig

hourly paid | employee, ~ job Angestellte(r) oder Job auf Stundenlohnbasis

house Haus, Klassengruppe; *(Zusammenfassung von Klassen in britischen Schulen, abgeleitet von den verschiedenen „Wohnhäusern" in Internaten)*; **keep ~** den Haushalt führen; **set up ~** einen eigenen Hausstand gründen; **to move ~** umziehen

house for battered women Frauenhaus

house group Abteilung, Wohneinheit in britischen Internaten

house husband Hausmann

housing allowance Mietbeihilfe

housing benefit (Brit) Wohn-

geld
housing estate Wohnsiedlung
housing project Sozialwohnungen
hug, to ~ somebody (v) jemanden umarmen
human, human being Mensch
human dignity Menschenwürde
humanities, the *(pl)* Geisteswissenschaften
humiliate (v) jemanden erniedrigen, demütigen
humiliated (adj) gedemütigt
hyperactive (adj) hyperaktiv
hypersensitive (adj) überempfindlich

I

I-message Ich-Botschaft
ice skate Schlittschuh
iconic mode abbildende Methode
id *(psych)* Es
ID bracelet *(bei Babys:)* Namensband
identical twins eineiige Zwillinge
identificatory learning Imitationslernen
identity Identität, Übereinstimmung; **~ of interest** Interessengleichheit
IEP > *Individual Education Plan*
ill (adj) krank; **to be ~ with a cold** eine Erkältung haben; **to fall ~** krank werden
illegitimate child nicht ehelich geborenes Kind
illiteracy Analphabetentum
illiterate Analphabet; (adj) des Lesens und Schreibens nicht kundig; *i.w.S.* ungebildet
illness Krankheit
I'm done ich bin fertig *(mit meiner Aufgabe)*
image Abbild, genaues Ebenbild, Leitbild; **spitting ~** das exakte Ebenbild; **she's the spitting image of her mother** sie ist ihrer Mutter wie aus dem Gesicht geschnitten
imagination Vorstellungskraft, Fantasie, Einbildungskraft
imaginative play area Spielgebiet für Rollenspiele innerhalb eines Gruppenraums
imagine (v) sich etwas vorstellen

imagining Fantasieren
imitate (v) imitieren, nachmachen
imitative learning Imitationslernen
immature (adj) unreif, kindisch
immersion Eintauchen; *(päd)* Zweitspracherwerb, in dem ausschließlich die Zielsprache verwendet wird
immigrant family Einwandererfamilie
immigration laws Einwanderungsgesetze
impaired (adj) beeinträchtigt
impaired | hearing, ~ vision Hör-, Sehbehinderung
impairment Schädigung, Behinderung; **hearing ~** Hörschaden; **dual sensory ~** Schädigung des Sehens und Hörens; **motor ~** Schädigung der Motorik
impartial (adj) unparteiisch
impediment Behinderung; **speech ~** Sprachfehler
implement (v) etwas in die Tat umsetzen; realisieren
implementation Anwendung, Umsetzung (in die Praxis)
implicate (v) folgern
implicit understanding stillschweigende Übereinkunft
impoverishment Verarmung, Verelendung
impressionable (adj) leicht zu beeinflussen
imprinting Prägung
impromptu (adj) spontan
improve (v) verbessern
improvised game Stegreifspiel
improvement Verbesserung, Fortschritt
in passing zwischen Tür und Angel
inability Unfähigkeit
inadequate (adj) nicht ausreichend, unangemessen
inalienable rights unveräußerliche Rechte
inappropriate (adj) unangemessen, ungeeignet
inborn (adj) angeboren
incidental learning beiläufiges, unbeabsichtigtes Lernen
include (v) integrieren, einbeziehen
inclusion Inklusion - gemeinsame Erziehung von Behinderten und Nicht-Behinderten
inclusion coordinator Inklusionsberater
inclusion in preschool vorschulische Inklusion
inclusive (adj) inklusiv
inclusive classroom setting

inklusiver Klassenverband
inclusive education inklusiver Unterricht
inclusive nursery Inklusionskindergarten
inclusive teacher Inklusionslehrer(in)
income Einkommen, Verdienst; **people on low ~s** Menschen mit niedrigem Einkommen
income support Sozialhilfe, Hilfe zum Lebensunterhalt
incompatible (adj) unvereinbar
inconsistency Unstimmigkeit, Widersprüchlichkeit
inconsistent (adj) inkonsequent, widersprüchlich
increase Zunahme, Wachstum
incubator Brutkasten *(für Babys)*
incurable (adj) unheilbar
indecent assault sexueller Übergriff
indecent exposure exhibitionistische Handlungen
independent living selbstbestimmtes Leben
independent school (Brit) Schule in freier Trägerschaft, z.B. konfessionelle Schule, die Schulgeld verlangt; > maintained school
independent sector (Brit) der Bereich der privaten oder freien Schulen; > maintained sector
index finger Zeigefinger
indifferent (adj) gleichgültig
individual counselling Einzelberatung
Individual Education Plan (IEP) persönlicher Bildungsplan, individueller Entwicklungsplan
individualisation Individualisierung
individuation Vereinzelung
indoor (adj) Innen...; **to do ~ activities with the children** mit den Kindern im Haus spielen
indoor pool Hallenschwimmbad
indoor sport Hallensport
induce (v) verursachen, herbeiführen
induce labour die Wehen einleiten
induction conference Einführungsveranstaltung
induction course Einführungskurs
induction period Einführungsphase
induction report Einführungsbericht
ineducable schwer erziehbar,

lernbehindert

inequality Ungleichheit; **social ~** soziale Ungleichheit

inequity Ungerechtigkeit

inertia Trägheit

infancy früheste Kindheit; **in ~** im Kleinkindalter

infant Säugling; Kleinkind; Kind im Kindergartenalter; **newborn ~** Neugeborenes

infant and nursery school Grundschule mit Kindergarten

infant care Säuglingspflege

infant class erste Grundschulklasse

infant mortality Säuglingssterblichkeit

infant pedagogic Kleinstkindpädagogik

infant prodigy Wunderkind

infant school (GB) erste Jahre der Grundschule (4–11 Jahre)

infant teacher Grundschullehrer(in)

infantile paralysis Kinderlähmung

inferior (adj) minderwertig

inferiority complex Minderwertigkeitskomplex

infertility Unfruchtbarkeit; **male ~** Zeugungsunfähigkeit

infertility clinic Klinik zur Behandlung zeugungsunfähiger Paare

infirmary Krankenstation, Schulklinik

inflammation Entzündung

influence Einfluss

infringe (v) übertreten, verstoßen

in-group Insidergruppe, angesagte Clique, Eigengruppe

inhibit (v) hemmen, jemanden hindern

inhibited (adj) gehemmt, verklemmt

inhibition Verbot, Hemmung

in-home childcare service häuslicher Kinderbetreuungsdienst

in-house training hausinterne Fortbildung

initial (adj) anfänglich

initial | phase; ~ stage Anfangs-/ Einführungsphase

initial reading scheme Erstleselehrgang

initial training Erstausbildung

initial vocational training *(berufliche)* Erstausbildung

injury Verletzung, Schaden; **birth ~** Geburtsschaden; **brain ~** Hirnschädigung

in-laws „angeheiratete

Verwandtschaft“, Schwiegereltern, Schwiegerkinder und Schwager
innate (adj) angeboren, von Natur aus
innate behaviour angeborenes Verhalten
inner peace innere Ruhe
inoculation Schutzimpfung
in-patient Patient in stationärer, klinischer Behandlung
insane (adj) geisteskrank
insatiable curiosity unstillbare Neugier
insecurity Unsicherheit
in-service training berufsbegleitende Weiterbildung
inset *(Montessori)* Einsatzfigur
inspector of schools, school inspector (Brit) Schulrat
institute of education Pädagogische Fakultät
institute of higher education Höhere Lehranstalt
institution Einrichtung, Institution, Heim, Anstalt
institutional care Anstaltsfürsorge
institutionalize (v) in ein Heim einweisen
institutionalized (adj) unselbstständig; **to be ~** unter Hospitalismus leiden; durch Heimaufenthalt unselbstständig sein
instruct (v) belehren, bilden, unterrichten, anweisen
instructor Lehrer(in), Dozent(in), Ausbilder(in); **driving ~** Fahrlehrer(in)
intake Aufnahme, Aufnahmequote, Zulassungszahl; **~ of food** Nahrungsaufnahme; **~ of children** Anzahl der aufgenommenen Kinder
integrated day offener Lerntag (Aufhebung des Stundenplans)
integrated teaching fächerübergreifender Unterricht
integration Eingliederung (von Ausländern, Behinderten)
integration of disabled persons Rehabilitation Behinderter
integrative group Integrationsgruppe für behinderte und nicht behinderte Kinder
integrative teacher Integrationslehrer(in)
intellectual work geistige Arbeit
interact (v) interagieren
interaction Wechselwirkung,

Interaktion; **non-verbal ~** nonverbale Interaktion
interdenominational (adj) interkonfessionell
interdependence gegenseitige Abhängigkeit, Wechselwirkung, Interdependenz
interdisciplinary cooperation interdisziplinäre Zusammenarbeit
interest area (im Gruppen-, Klassenraum) Spielbereich
interim examination Zwischenprüfung
interim report Zwischenbericht
intermediate school certificate *etwa:* Realschulabschluss
intern (US) Praktikant(in)
internal inhibition innere Hemmung
internalisation Internalisierung
internship (US) Praktikum
interpersonal contact zwischenmenschlicher Kontakt
interplay Wechselspiel, wechselseitige Beziehung
intersections *(schema)* Einmündungen
intervention Eingreifen, Intervention; **focused ~** zielgerichtetes Eingreifen; **subtle ~** vorsichtiges Eingreifen
intolerance of ambiguity Intoleranz gegen Mehrdeutigkeit od. Unterschiedlichkeit
intrigued (adj) fasziniert, interessiert
intrinsic (adj) immanent, innewohnend, intrinsisch, von innen kommend; **~ part** wesentlicher Bestandteil
intrinsic motivation intrinsische Motivation
introductory | meeting; ~ dialogue Einführungstreffen
introspection Selbstbeobachtung
intrusive (adj) aufdringlich
invalid (adj) körperbehindert
invalid chair Rollstuhl
invalidity Ungültigkeit
inventory Fragebogen
investigate (v) untersuchen, erforschen
involuntary (adj) unfreiwillig, erzwungen; unabsichtlich; **~ movement** unabsichtliche Bewegung
involve (v) beteiligen, involvieren
involvement Engagiertheit, Beteiligung, Betroffensein
irritation Ärger, Irritation

islandization *(soz)* Verinselung
item Gegenstand, Posten, Tagesordnungspunkt

J

jack-in-the-box Schachtelmännchen; **like a ~** wie ein Hampelmann
jackknife Taschenmesser
jack-o'-lantern (US) Kürbislaterne
jack-of-all-trades Alleskönner
jacks (US) Kinderspiel: man wirft einen Ball in die Luft und hebt vor dem Auffangen mit derselben Hand so viele Gegenstände wie möglich hoch
jaundice Gelbsucht
jaw-breaker Zungenbrecher; (US) steinharter Bonbon
jealousy Eifersucht, Neid
jello, Jell-O ® (US) Wackelpudding, Götterspeise
jigsaw Laubsäge
jigsaw puzzle Puzzlespiel
job Arbeit, Stelle; **full-time/part-time ~** volle/halbe Stelle; **steady ~** fester Arbeitsplatz; **to apply for a ~** sich um eine Stelle bewerben; **to get a ~** eine Stelle bekommen; **to give up a ~** eine Stelle kündigen; **be out of a ~** arbeitslos sein
job centre Arbeitsamt
job counsellor Arbeitsberater
job creation scheme Arbeitsbeschaffungsmaßnahme
job description Stellenbeschreibung
job release (Brit) vorzeitiger Ruhestand *(zur Schaffung neuer Arbeitsplätze)*
job satisfaction Zufriedenheit mit der Arbeitsstelle
job specification Arbeitsplatzbeschreibung
Job Seekers Allowance (Brit) Arbeitslosenunterstützung
join (v) mitmachen, beitreten; **~ in** sich beteiligen, mitspielen; **to ~ in the game** sich am Spiel beteiligen
joint committee Vermittlungsausschuss
joint custody gemeinsames Sorgerecht
joint education gemeinsame Erziehung (von behinderten und nicht-behinderten Kindern)
joint efforts gemeinsame

Anstrengungen
joint responsibility Mitverantwortung
joint vocational | training überbetriebliche Ausbildung; **~ centre** überbetriebliche Ausbildungsstätte
jumping jack Hampelmann
jungle gym (US) Klettergerüst
junior college (US) Vorbereitungscollege mit den ersten 2 Studienjahren
junior high school (US) Oberschule 7. – 9. Klasse
junior school (Brit) 7. – 11. Lebensjahr der Grundschule
junkie Fixer
juvenile (adj) Jugend-, jugendlich
Juvenile Court (Brit) Jugendgericht
juvenile delinquency Jugendkriminalität
juvenile delinquent jugendlicher Straftäter

K

keen (adj) begeistert, leidenschaftlich, stark; **~ desire** heftiges Verlangen; **~ interest** lebhaftes Interesse; **~ swimmer** begeisterter Schwimmer; **be ~ on** begeistert von; **he is ~ on dancing** er ist ein begeisterter Tänzer
keep down (v) jemanden unterdrücken, klein halten
keep in (v) jemanden da behalten, (Schüler) nachsitzen lassen, nicht aus dem Haus lassen
keep off (v) wegbleiben, jemanden fern halten
keep together (v) zusammenbleiben, zusammenhalten
key competences Schlüsselfähigkeiten
key concept Schlüsselbegriff, -konzept, Leitbegriff
key elements Schlüsselelemente
key note Grundgedanke
key question Schlüsselfrage
key stage Lernstufe
key word Schlüsselbegriff
key-worker Bezugserzieher
kick out of school aus der Schule werfen
kid('s) stuff (US) Kinderkram
kiddie (F) Kindchen, Kleiner
kiddie kitchen Puppen-, Spielzeugküche

kidding; are you ~ ? machst du Witze? **just ~!** war nicht ernst gemeint! **no ~** im Ernst?
kin *(veraltet),* **kinsfolk, kinship, kinsman / -woman** Verwandtschaft; Familie
kinesthesia Kinästhetik *(durch die Sinne wahrgenommene (Eigen-) Bewegung im Raum)*
kindergarten (Brit) Kindergarten, oft als private Einrichtung; (US) Vorschule
kindergarten | educator, ~teacher Erzieherin, Erzieher
knowledge Erkenntnis, Wissen, Kenntnisse
knowledge base Wissensbasis, Verständnis

L

labelling *(soz)* Etikettierung, Kennzeichnung
labelling approach *(soz)* Etikettierungsansatz
labour Wehen; **to be in ~** in den Wehen liegen; **to induce ~** die Wehen einleiten
labour pains Geburtswehen
labour ward Kreißsaal
language Sprache; **bad ~** Schimpfwörter; **native ~, first ~** Muttersprache; **second ~** Zweitsprache; **technical ~** Fachsprache
language acquisition Spracherwerb
language development Sprachentwicklung
language formation Sprachbildung
language of origin Herkunftssprache
language proficiency Sprachfertigkeit
language skills Sprachkompetenz
large muscle skills Grobmotorik
last name Nachname, Familienname
latch-key child Schlüsselkind
late shift Spätdienst
latency period *(psych)* Latenzperiode
lateral trajectory *(schema)* seitlich verlaufende, gerade Linien
LEA (Brit) > Local Education Authority

leaflet (Hand-)Zettel, Flugblatt
leapfrog Bockspringen; **to play a game of ~** Bockspringen spielen
learn (v) lernen; **~ by heart** auswendig lernen; **~ the hard way** auf die harte Tour lernen; **~ by experience** aus Erfahrung lernen; **~ by one's mistakes** aus seinen Fehlern lernen; **~ something by rote**; **rote ~ing** etwas auswendig lernen, pauken
learned behaviour angelerntes Verhalten
learning aptitude Lernfähigkeit
learning by discovery entdeckendes Lernen
learning by trial and error Lernen durch Versuch und Irrtum
learning difficulties Lernschwierigkeiten; **~~, moderate (MLD)** moderate Lernschwierigkeiten; **~~, profound and multiple (PMLD)** schwerste Lernschwierigkeiten; **~~, severe (SLD)** schwere Lernschwierigkeiten; **~~, specific (SpLD)** spezifische Lernschwierigkeiten
learning disability Lernstörung, Lernbehinderung
learning from model Modelllernen
learning games Lernspiele
learning goal Lernziel
learning resources Hilfsmittel zur Bildung
learning story Bildungs- und Lerngeschichte *(im pädagogischen Konzept von Margret Carr)*
learning support assistant Assistenzkraft für Schüler(innen) mit sonderpädagogischem Förderbedarf, Lernförderer
learning support coordinator Koordinator/in für Lernförderung
least restrictive school placement am wenigsten einschränkende Beschulung
leave Erlaubnis; Urlaub; **absence without ~** unerlaubtes Fernbleiben; **maternity ~** Mutterschaftsurlaub; **sick ~** Genesungsurlaub; **annual ~** Jahresurlaub; **to be on ~** auf Urlaub sein **leave of absence** Freistellung
leaving certificate Abgangszeugnis; *in Irland:* Hochschulzugangsberechtigung

left-handed person Linkshänder(in)
left-handedness Linkshändigkeit
leftie, lefty (F) Linkshänder(in)
legal | obligation, ~ requirement gesetzliche Verpflichtung / Erfordernis
legal abortion legaler Schwangerschaftsabbruch
legal advice centre (Brit) Rechtsberatungsstelle
legal capacity Geschäftsfähigkeit
legal custody (Brit) Sorgerecht
legal entitlement Rechtsanspruch
legal responsibility Rechtsfähigkeit, rechtliche Verantwortung, Schuldfähigkeit
legal responsibility to care Aufsichtspflicht
legitim(at)ize a child ein Kind rechtlich anerkennen
legitimacy Ehelichkeit (der Geburt)
leisure Muße
leisure | centre, ~ complex Freizeitzentrum
leisure activities Freizeitbeschäftigung
leisure provision Freizeitangebot
leisure society Freizeitgesellschaft
leisure time Freizeit
lenience, leniency Nachsicht, Milde
leotard Turnanzug
lesson (Unterrichts-)Stunde; Lektion; **take guitar ~s** Gitarrenunterricht nehmen
letter of excuse Entschuldigungsschreiben
letting go loslassen
level of development Entwicklungsstufe
level of education Bildungsniveau
liaise (v) mit jemandem zusammenarbeiten, Kontakt aufnehmen
life cycle Lebenszyklus
life skills lebenspraktische Fähigkeiten
linguistic aptitude Sprachbegabung
linguistic development sprachliche Entwicklung
linguistic features sprachliche Merkmale
link up (v) sich zusammenschließen
linked behaviour zusammengehörendes, verbundenes Verhalten
lip-read (v) von den Lippen lesen

listening skills Hörverstehen
listless (adj) teilnahmslos, schlaff
literacy Lese- und Schreibkompetenz, Literalität
computer ~ Computerkenntnisse, Computerkompetenz
literacy campaign Alphabetisierungskampagne
literacy level Quote der Menschen, die lesen und schreiben können
literacy skills Schreibkompetenz
literal (adj) wörtlich; **~ translation** wörtliche Übersetzung
literate (adj) lesen und schreiben können; *(i.w.S.)* gebildet
live on welfare von der Wohlfahrt leben
local administration örtliche Verwaltung
local authority Gemeindeverwaltung, Bezirksamt
local authority guardian Amtsvormund
local authority nursery (Brit) Oberbegriff für Kinder-Tageseinrichtungen, die der jeweiligen Gemeindeverwaltung unterstellt sind
local council (Brit) Gemeinderat
Local Education Authority (LEA) (Brit) örtliches Schulamt, Amt für Volksbildung, Schulträger der Gemeinde
local government officer (Brit) Angestellte(r) im öffentlichen Dienst einer Gemeinde oder Stadt
local health / welfare authority (Brit) örtliches Gesundheits-/ Sozialamt
locker Schließfach; **lockable ~** abschließbares Schließfach
lollipop I lady, ~ woman, ~ man (Brit) Schülerlotsin, Schülerlotse
lone parent Alleinerziehende(r)
lone-parent family Ein-Eltern-Familie
long-term memory Langzeitgedächtnis
look after (v) sich um jemanden / etwas kümmern, betreuen
look for (v) jemanden / etwas suchen
look forward (v) sich auf ... freuen
look out (v) aufpassen
loop Schleife
loss Verlust

lower class Unterschicht
low-income family Familie mit geringem Einkommen
lunch Mittagessen; **what's for ~ ?** was gibt's zu Mittag?; **~ break** Mittagspause
lunchtime Mittagszeit; Mittagspause
lying-in *(veraltet)* Wochenbett

M

M.Ed > Master of Education
maiden name Mädchenname
main carer Bezugserzieher(in); Person, zu der das Kind die stärkste Beziehung hat
mainstream Regel..., *z.B.* **~ childcare centre** Regelkita *im Gegensatz zur Sonder- oder Integrationskita*; **~ school** Regelschule
mainstream class teacher (Irl) Lehrer(in) ohne Fächerspezialisierung im Primarbereich
mainstream somebody (v) jemanden integrieren
mainstreaming Integration von behinderten und nichtbehinderten Kindern in einer Regeleinrichtung > **gender mainstreaming**
maintain (v) Unterhalt leisten; **to ~ a family / a child** eine Familie / ein Kind unterhalten
maintained educational provision öffentlich finanzierte Bildungseinrichtungen
maintained school öffentlich finanzierte Schule; > independent school
maintained sector (Brit) der Bereich der öffentlich finanzierten Schulen; > independent sector
maintenance (payment) Unterhaltszahlung
maintenance assistance Unterhaltshilfe
maintenance order gerichtliche Aufforderung, den Unterhaltsverpflichtungen nachzukommen
maintenance responsibility Unterhaltspflicht
majority Volljährigkeit, Mündigkeit; **age of ~** Volljährigkeitsalter; **to reach one's ~** volljährig werden

maladaption Fehlanpassung
maladjusted (adj) verhaltensauffällig, verhaltensgestört
maladjusted behaviour unangepasstes Verhalten
malady Krankheit, Leiden; **social ~** gesellschaftliches Übel
maldevelopment Fehlentwicklung
male (adj) männlich
male nurse Krankenpfleger
male-dominated (adj) von Männern beherrscht
malleable materials formbare Materialien
malnourished (adj) unterernährt
malnutrition Unterernährung
malpractice Verstoß gegen Berufs- oder Standesethos
maltreatment Misshandlung
manageress, manager Leiter(in), z.B. einer Kita
mandatory grant gesetzliche Ausbildungsförderung
maniac Verrückter, Wahnsinniger, Irrer
manic depression manische Depression
manipulative stage Greifalter *(in der Säuglingsentwicklung)*
manual (adj) manuell
manual alphabet Gebärdensprache für Gehörlose
manual skills Handgeschicklichkeit
mapping Zuordnung, Abbildung
marginal group *(soz)* Randgruppe
marginal man Außenseiter der Gesellschaft
marginalization Ausgrenzung
marginalized children ausgegrenzte, benachteiligte Kinder, Angehörige von Minderheiten
marital status Familienstand
mark (Schul-)Note, Zensur; **to get bad / good ~s** schlechte / gute Noten erhalten
marked-time climbing Art des Treppensteigens, bei der beide Füße auf jede Stufe gesetzt werden
marker pen dicker Filzschreiber
marriage Heirat, Trauung; **an arranged ~** eine arrangierte Ehe; **same-sex ~** gleichgeschlechtliche Ehe; **state of ~** Ehestand
marriage certificate Trauschein, Heiratsurkunde
marriage guidance counsellor Eheberater

married name Ehename
master (v) beherrschen
Master of Education (M.Ed) (Brit) Master der Erziehungswissenschaften
material Material; Stoff; Unterlagen
maternal (adj) mütterlich; **my ~ grandfather** mein Großvater mütterlicherseits
maternal employment Berufstätigkeit von Müttern
maternity Mutterschaft
maternity | allowance, ~ benefit (Brit) Mutterschaftsgeld
maternity | clothes, ~ dress Umstandskleid
maternity clinic Entbindungsklinik
maternity hospital Geburtsklinik
maternity leave Mutterschaftsurlaub
maternity pay (Brit) Lohnfortzahlung für Mütter
maternity protection betrieblicher Mutterschutz
matriarchy Matriarchat
matrimonial (adj) Ehe....; ehelich
matrimony Ehestand
maturation Reifung
mature (adj) erwachsen, reif
maturity Reife; **social ~** soziale Reife
meal time Essenszeit
meals on wheels (Brit) Essen auf Rädern; Lieferung warmer Mahlzeiten nach Hause
meaning Bedeutung; **the process of ~ making** etwas mit Bedeutung füllen
means test (Brit) bei der Beantragung von Sozialleistungen notwendiger Nachweis der Bedürftigkeit
measles Masern
media education Medienerziehung
mediate (v) vermitteln; **~ a settlement** eine Vereinbarung aushandeln
mediation committee Vermittlungsausschuss
mediation Vermittlung bei Konflikten, Mediation
medical certificate ärztliches Attest, Gesundheitszeugnis
meet the needs (v) Interessen wahren; Bedürfnissen entgegenkommen
memory Erinnerung, Gedächtnis
mental (adj) geistig, mental, psychisch, seelisch; (F) verrückt, übergeschnappt
mental cruelty seelische

Grausamkeit
mental development geistige Entwicklung
mental disability psychische Störung, geistige Behinderung
mental faculties Geisteskräfte
mental hospital Nervenklinik
mental retardation geistige Behinderung
mentally handicapped person geistig behinderte Person
merry-go-round Karussell
mess up (v) etwas verpfuschen, in Unordnung bringen; **messed up** verkorkst
messy activities Tätigkeiten, bei denen es schmutzig / klebrig / pampig werden kann
messy play Spiel mit Matsch und Pampe, Leim und Knete
metabolic disorder, ~ disease Stoffwechselkrankheit
metacognition Meta-Erkenntnis
middle name zweiter Vorname
middle school (US) Oberschule grade 6–8, ca. 12–15 Jahre
midwife Hebamme
midwifery Geburtshilfe
migrant Zuwander/er/in
migrant worker Wanderarbeiter(in), ausl. Arbeiter(in)
migrate (v) ein-/auswandern
mild *(in Zusammenhang mit Behinderungen)* leicht
milk tooth Milchzahn
minimum age Mindestalter
minor Minderjährige(r); *(Universität)* Nebenfach
minority Minderheit, Minorität
minority group Minderheitsgruppe, Randgruppe
mirror (v) spiegeln *(auch fig.)*
misbehave (v) ungezogen sein
misbehaviour schlechtes Betragen
miscarriage Fehlgeburt
miscarry (v) eine Fehlgeburt haben
misfit Außenseiter, Eigenbrötler
mismatch Missverhältnis, Ungleichgewicht
mischief Unfug
mission statement Leitbild
mixed ability mit unterschiedlicher Leistungsfähigkeit, z.B. **~ class** Schulklasse ohne Leistungsdifferenzierung im

Gegensatz zum > *streaming*
mixed-age classes altersgemischte Gruppen
mixed-age grouping Altersmischung
mixed-age provision altersgemischte Angebote
mixture of languages Sprachenmischung
mobility programme Austauschprogramm
mock exam Probeklausur, -Examen
mockery Spott
model Vorbild
modelling Lernen am Modell, Modell-Lernen, Beobachtungslernen
modelling compound Modelliermasse
moderate (adj) angemessen, vernünftig; *(in Zusammenhang mit Behinderungen)* mäßig
moderation Mäßigung
moderator Vermittler, Diskussionsleiter, Prüfungsvorsitzender
modesty Bescheidenheit
molest (v) quälen, (sexuell) belästigen; schikanieren
molester lästiger Mensch, Peiniger(in); **child ~** Kinderschänder
monitor (v) dokumentieren, aufzeichnen; **~ing sheet** Dokumentations-, Erfassungsbogen
moral education Moralerziehung
morning session Vormittagsbetreuung
mother|land, ~ country Heimatland, Herkunftsland
mother tongue Muttersprache
Mother's Day (Brit) Muttertag
motherese Ammensprache, mutterisch (die Art, wie eine Mutter mit ihrem Kind spricht) *(„Motherese plays a role in language development")*
motherhood Mutterschaft
mother-in-law Schwiegermutter
mother-to-be werdende Mutter
mother-toddler-group Mutter-Kind-Gruppe, Miniclub
motor ability motorische Fähigkeit
motor behaviour Motorik, motorisches Verhalten
motor impairment physische Einschränkung, Behinderung
mould (v) kneten, formen
move house (v) umziehen

moving up *(päd)* Versetzung *(in der Schule)*
Ms *(no pl)* Anrede (*mündlich wie schriftlich*) für verheiratete ebenso wie unverheiratete Frauen
mucky *(coll)* schmutzig
multi-cultural (adj) multikulturell
multi-ethnic society Vielvölkergesellschaft
multihandicap, multiple handicap Mehrfachbehinderung
multilingual mehrsprachig
multiple birth Mehrlingsgeburt
multiple deprivation mehrfache Benachteiligung (Arbeit, Bildung, Wohnung...)
multiplication table Einmaleins-Tafel
multi-racial society Vielvölkergesellschaft
multisensory educational approach multisensorischer pädagogischer Ansatz
municipal (adj) städtisch, kommunal
municipal authorities Stadtverwaltung, Behörde
municipality Gemeinde, Kommune, Bezirk, Stadt
musical sense musikalischer Sinn
mute (adj) stumm
mutual (adj) gegenseitig
mutual recognition of national professional qualifications gegenseitige Anerkennung nationaler Berufsabschlüsse

N

nanny Kindermädchen im Privathaushalt; Oma
nap Nickerchen; **take a ~** ein Nickerchen machen
nap time Schlafenszeit *(am Mittag)*
napkin Serviette
nappy (Brit) Windel; **cloth ~** Stoffwindel; **disposable ~** Wegwerfwindel aus Papier; **put on / change a baby's ~** Baby wickeln / Windeln wechseln
nappy liner Windeleinlage
nappy rash Wundsein unter der Windel, Windelausschlag
narrow age-band geringe Altersdifferenz
natal (adj) Geburts...; **~**

period der Geburtsvorgang
natality Geburtenziffer
National Council for Voluntary Organizations (Brit) Dachverband der freien Wohlfahrtsverbände
National Health Service (NHS) (Brit) staatlicher Gesundheitsdienst
National Insurance (Brit) Sozialversicherung; ~ **contributions** Sozialversicherungsbeiträge
National Nursery Examination Board (Brit) (NNEB) (veraltet, 1994 abgeschafft) 2-jährige Ausbildung für die Altersgruppe der 0–5-Jährigen zur *Nursery Nurse*, schliesst ab mit *Certificate* oder *Diploma in Nursery Nursing*
National School (Irl) Primarschule
national service Wehrdienst
National Society for the Prevention of Cruelty to Children (NSPCC) (Brit) Nationaler Kinderschutzbund
National Union of Teachers (NUT) (Brit) Lehrer/innen-Gewerkschaft
National Vocational Qualification in Childcare and Education (NVQ) (Brit) meist berufsbegleitende Ausbildung auf mittlerem Niveau, führt auch zur Fachhochschulreife
native American amerikanische(r) Urein-wohner(in)
native language Muttersprache
native speaker Muttersprachler(in)
nativity play Krippenspiel
natural childbirth natürliche / sanfte Geburt
naturalization Einbürgerung
naturalize (v) einbürgern
nature and/or nurture Anlage und/oder Umwelt
nature conservation (Brit) Naturschutz
nature cure Naturheilverfahren
near senses Nahsinne
née (adj) geborene/r ...
need Bedürfnis, Notwendigkeit
needle work Handarbeiten
negative reinforcement negative Verstärkung
neglect (v) vernachlässigen; **~ed child** vernachlässigtes, verwahrlostes Kind
neglectful (adj) nachlässig
negligence Vernachlässigung,

Fahrlässigkeit; **gross ~** grobe Fahrlässigkeit

neighbourhood nurseries Nachbarschafts-Kindergärten *(eine Initiative der brit. Regierung in den 90er Jahren)*

neonatal (adj) Neugeborenen-, **~ unit** Neugeborenenstation

neonatal period Zeitraum bis zum Alter von einem Monat

neonate neugeborenes Kind (bis ein Monat)

nest Nest, Heim; **empty ~** Familie, deren Kinder ausgezogen sind; **empty ~ syndrome** Gefühl der Verlassenheit, wenn die Kinder ausgezogen sind

newborn | baby, ~ infant neugeborenes Kind

newly qualified teacher (Brit) Lehrer(in) während der Einführungsphase (ähnlich dem/der Referendar(in) in D.)

next of kin nächste Angehörige

night school Abendschule

nightmare Alptraum

NNEB > *National Nursery Examination Board*

non-contact time Verfügungszeit; Vor- und Nachbereitungszeit; die Zeit, die Erzieherinnen für Team- und Elterngespräche haben (ohne Kinder)

non-contributory Beitragsfreiheit

non-custodial parent Elternteil, welches nicht das Sorgerecht hat

non-denominational nicht konfessionsgebunden

non-denominational school Gemeinschaftsschule

non-discrimination Gleichbehandlung

non-governmental organization (NGO) Nicht-Regierungs-Organisation

non-parental care außerfamiliäre Betreuung

non-participant observation nicht-teilnehmende Beobachtung

non-professional helping group Selbsthilfegruppe

non-profit organization gemeinnützige Organisation

non-profit status Gemeinnützigkeit

non-residents Besucher / Teilnehmer(innen), die nicht im Hause wohnen

non-segregation Nicht-Ausgrenzung

non-statutory nicht-staatlich,

freiwillig
non-verbal nicht-sprachlich
non-verbal clues nicht-sprachliche Hinweise
nosy (adj) (F) neugierig
notion Begriff, Vorstellung, Ahnung
noughts and crosses (Brit) Zeichenspiel für zwei Personen
nought to three years 0 bis 3 Jahre
nuclear family Kernfamilie
number work Rechnen, Umgang mit Zahlen
numeracy rechnerische Fähigkeiten
numeracy skills Rechenkompetenz
nurse (v) pflegen, heilen; **~ a child** ein Kind stillen, auf dem Arm wiegen
nurse Kindermädchen, Krankenschwester; **male ~** Krankenpfleger; **wet ~** Säugamme *(veraltet)*
nursery (Brit) *kurz für* **nursery school** Kindergarten; *auch:* Kinderzimmer
nursery class (Brit) Kindergarten, besonders an einer Schule
nursery nurse, nursery worker, nursery assistant (Brit) Kinderpfleger(in) mit 2-jähriger Ausbildung für die Altersgruppe 0 - 5, arbeitet als Hilfskraft (**auxiliary worker**) *in* **nursery school, nursery class, reception class** *oder als* Gruppenerzieherin im **family centre** oder in einer **local authority nursery,** auf der Kinderstation im Krankenhaus, im Privathaushalt als **nanny**. *Ausbildung:* National Nursery Examination Board (>NNEB)(veraltet) *oder* Council for Awards in Children's Care and Education (>CACHE) *oder* > BTEC National Diploma in Caring Services oder > NVQ Level III in Nursing
nursery officer (Brit) Erzieher(in) in einer > **local authority nursery**
nursery rhyme Kinderlied, -vers
nursery school (Brit) Kindergarten; (US) Kindergarten für 2 – 5-jährige Kinder in einer > pre-school
nursery school teacher Erzieher(in) im Kindergarten; *eigentl. Titel in Brit:* **teacher (nursery and primary education** *bzw.* **preschool and primary**

education *bzw.* **primary and secondary education)**; meist 4 Jahre Ausbildung auf Hochschulniveau, Abschluss **BEd (Bachelor of Education)** *oder >* **PGCE (Postgraduate Certificate in Education)**

nursery tale Ammenmärchen

nursery worker Mitarbeiter(in) in einer Kita; umgangssprachlich synonym benutzt wie „Kita-Erzieher(in)" in D.

nursing home Pflegeheim (für alte Menschen); Entbindungsklinik

nursing mother stillende Mutter

nursing room Wickelraum *(z.B. im Kaufhaus)*

nurture (v) erziehen, hegen, kümmern um, jemanden oder etwas fördern

nutrient Nährstoff

nutrition Ernährung

NVQ > National Vocational Qualification

O

O level > *ordinary level*

OAP > *old age pensioner*

obedient (adj) gehorsam, folgsam

obese (adj) fettleibig

obesity Fettleibigkeit

obey (v) gehorchen, folgen

oblivious (to be ~ of) (v) sich einer Sache nicht bewusst sein

object permanence Objektpermanenz

objection Einwand **objective** Zielsetzung;

main ~ Hauptziel

obligatory (adj) verpflichtend

observation Beobachtung; > *participant ~*; > *non-participant ~*; > *specific ~*; > *random ~*

observation sheet Beobachtungsbogen

observation visit Hospitation

observational learning Lernen durch Beobachtung

observe (v) beobachten

observe in action (v) hospitieren

observer Beobachter; > *participant ~*; > *non-*

participant ~
obsessed (adj) besessen
obsession Leidenschaft, Manie, Zwangsvorstellung, Besessenheit
occupation Beruf, Beschäftigung; **favourite ~** Lieblingsbeschäftigung
occupational disease Berufskrankheit
occupational therapy Beschäftigungstherapie
occupied (adj) beschäftigt
odd job Gelegenheitsarbeit
of age mündig
offender Straftäter(in); **first ~** Ersttäter; **young ~** jugendlicher Straftäter
offensive (adj) widerlich, ekelhaft
officer Beamter
official duties Dienstpflichten
official guardian Amtsvormund
offspring (pl) Nachkomme(n)
Ofsted (Office for Standards in Education) (Brit) Unabhängige Organisation zur Sicherung von Qualitätsstandards in der (vor)schulischen Erziehung
OHP > *overhead projector*
old age pensioner (OAP) Rentner(in)
old people's home Altenheim
one-off payment Einmalzahlung (Abfindung, Beihilfe)
one-parent benefit (Brit) erhöhtes Kindergeld für allein Erziehende
one-parent family Einelternfamilie; **to grow up in a ~** von einem Elternteil aufgezogen werden
one-piece (suit) einteiliger Anzug, z.B. Schneeanzug
one-stop shop Einrichtung, die verschiedene Angebote zusammenfasst
one-to-one persönlich; **~ work** Einzelarbeit; **on a ~ basis** unter vier Augen; **~ situation** mit jemandem allein sein; **~ lessons** Einzelunterricht; **~ attention** Einzelbetreuung
only child Einzelkind
on-the-job-training Ausbildung am Arbeitsplatz
open access work offene Jugendarbeit
open activities for young people offene Jugendarbeit
open ended questioning Methode des offenen Fragenstellens
open plan Großraum...; *in der Kita*: offene Arbeit, gruppenübergreifend

open plan office Großraumbüro
opening | hours, ~ times Öffnungszeiten
openness Offenheit
operational learning Verhaltensänderung aufgrund von Erfahrung, Erfahrungslernen
opinion Meinung
opinion | poll, ~ survey *(soz)* Meinungsumfrage
oppress (v) unterdrücken
oppression Unterdrückung
optional (adj) fakultativ, wahlfrei, freiwillig
oracy mündliche Ausdrucksfähigkeit
oral | interview, ~ questioning mündliche Befragung
oral examination mündliche Prüfung
oral stage orale Phase
oral test mündliche Prüfung
oral (adj) mündlich
oral (päd) mündliche Prüfung
oral-sensory stage oral-sensorische Phase
ordinary level (O level) ehem. Schulabschluss in GB, entsprach etwa dem Realschulabschluss in D., heute ersetzt durch > **GCSE** in England und > **Standard grade** in Schottland.
organic farming biologischer Anbau
organic vegetable Biogemüse
orientation in values Wertorientierung
orphan Waise
orphanage Waisenhaus
orthodontist Kieferorthopäde
outburst (emotionaler oder verbaler) Ausbruch
outcast Ausgestoßene(r), Geächtete(r)
outcome Ergebnis, Lern ~
outdoor area Außenbereich
outdoor | education, ~ pursuits Erlebnispädagogik
outdoors im Freien
out-group Außengruppe, Fremdgruppe
outing Ausflug; **class ~** Klassenausflug; **family ~** Familienausflug; **to go on an ~** einen Ausflug machen
out-of-school educational daycare facility Hort (D)
out-of-school | provision, ~ services pädagogisches Angebot für Schulkinder außerhalb der Schule
out-patient ambulante(r) Patient(in)
outragious (adj) empörend, schockierend, ungeheuerlich
outreach youth work auf-

suchende Jugendarbeit
outside play area Außenspielbereich; Freigelände
overall number Gesamtzahl
overanxious (adj) überängstlich
overcome (v) überwinden
overdo (v) übertreiben
overestimate (v) überschätzen
overhead projector Tageslichtprojektor
overhear (v) zufällig mithören
overprotection übermäßige Beschützung
overprotective (adj) überbehütend
overt behaviour offenes Verhalten
overtime Überstunden; **to work ~** Überstunden machen
overwatched überbehütet
overwhelming (adj) überwältigend, unwiderstehlich
Oxfam (Oxford Committee for Famine Relief) Gemeinnützige Hilfsorganisation für bedürftige Menschen, bes. in der 3. Welt; **~ Shop** „Dritte Welt Laden"

P

pacifier Schnuller
pacify (v) beruhigen
paediatric nurse (Brit) Kinderkrankenschwester
paediatrician (Brit) Kinderarzt/ärztin
paediatrics (Brit) Kinderheilkunde
paid leave for new parent Erziehungsurlaub
pain-killer schmerzstillendes Mittel
pains (*pl*) Schmerzen (*auch seelisch);* Sorgen
paint box Malkasten
paint-brush Malpinsel
pajamas (US) Schlafanzug
pamper (v) jmd. verwöhnen
pampered (adj) verwöhnt
Pancake Day (Brit) Fastnachtsdienstag
pancake landing Bauchlandung
panel Gruppe, Team
pantomime (Brit) Laienspiel, Weihnachtsspiel, Pantomime
pap (F) Babybrei
paper tissue Papiertaschentuch

paper-and-pencil-work schriftliche Arbeiten
paper-chase (Brit) Schnitzeljagd
papier-mâché Pappmaschee
paramedical orientation gesundheitliche, pflegerische Orientierung
paramedically trained personnel Personal mit einer Ausbildung in den Gesundheitsberufen
parent Elternteil; **~s** Eltern; **single ~** allein Erziehende(r)
parent counseling Elternberatung
parent participation Elternbeteiligung
parentage elterliche Sorge
parental (adj) Eltern-, elterlich
parental attitude elterliche Einstellung
parental consent Zustimmung der Eltern
parental contributions Elternbeiträge (finanzieller Art)
parental control / neglect Beaufsichtigung / Vernachlässigung durch die Eltern
parental family Abstammungs-, Herkunftsfamilie
parental home Elternhaus
parental involvement Elternbeteiligung
parental leave Erziehungsurlaub („Elternzeit" in D.)
parental partnership Erziehungspartnerschaft
parental rights and duties *(jur)* elterliche Sorge
parental rights elterliche Rechte
parent-child relation Eltern-Kind Beziehung
parenthood Elternschaft
parenting Pflege, Betreuung und Erziehung von Kindern; Kindererziehung, Erziehungsleistung
parenting contract (Brit) Erziehungsvertrag (zw. Eltern bzw. Kindern und Schule)
parenting course Kurs für Eltern
parenting order (Brit) Erziehungsauflagen (die vom Gericht gegen Eltern verhängt werden können)
parenting skills Betreuungsfähigkeit
parentless (adj) elternlos; **~ child** Waise
parent-managed centre Eltern-Initiativ-Kindertagesstätte; „Kinderladen"
parent-run von den Eltern

betrieben
parents' action group Eltern-initiative
parents' council Elternbeirat; Gesamtelternvertretung
parents' meeting Elternabend
parent-teacher organization (PTO) (US); **parent-teacher-association** (Brit) Eltern-Lehrer-Beirat an einer Schule
parish Pfarrgemeinde; Landgemeinde, Bezirk
partial-birth abortion Abtreibung im fortgeschrittenen Stadium der Schwangerschaft
partially disabled teilweise behindert
participant Teilnehmer(in)
participant observation teilnehmende Beobachtung
participate (v) beteiligen, teilnehmen
participation Beteiligung, Teilnahme
particulars Einzelheiten
part-time (adj) Teilzeit-, Halbtags-
part-time care Teilzeitbetreuung
part-time job Teilzeitarbeit
part-time vocational school Berufsschule
pass (Brit) Bestehen (*einer Prüfung, einer Aufgabe*); **to get a ~ in an exam** eine Prüfung bestehen
pass (v) bestehen einer Prüfung; **you can ~ or fail** man kann bestehen oder durchfallen
pass around (v) etwas herumreichen
pass mark (Brit) ein „Ausreichend" *(bei einer Prüfung)*; **to get a ~** eine „Vier" bekommen
pass rate Anzahl derer, die bei einer Prüfung etc. bestanden haben
passing Bestehen; **reasons for ~ the practical training** Gründe für das Bestehen des Praktikums; **reasons for not ~ the practical training** Gründe für das Nichtbestehen des Praktikums
passing grade (US) ein „Ausreichend" *(bei einer Prüfung)*
passion Vorliebe, Leidenschaft
paste Kleister; **sticky ~** Klebstoff
paste (v) aufkleben
pastime Freizeitbeschäftigung, Freizeitbetätigung
pastoral care Seelsorge; Hilfe

bei privaten Problemen
patch Revier, Bereich, Bezirk, Feld; **~ social work** feldorientierte Sozialarbeit
patch test Allergietest
patch together, patch up (v) etwas zusammenflicken
paternity Vaterschaft
paternity leave Vaterschaftsurlaub, Erziehungsurlaub für Väter
paternity suit Vaterschaftsprozess
paternity test Vaterschaftstest
pathetic (adj) Mitleid erregend, jämmerlich
patronise (v) bevormunden
pattern Struktur, Muster; **behavioural ~ , ~ of behaviour** Verhaltensmuster; **the ~ of family life** die Familienstruktur
pay Lohn, Gehalt
payee Zahlungsempfänger(in)
payment Zahlung, Lohn; **lump-sum ~** Pauschalzahlung
PE > *physical education*
peace education Friedenserziehung
pedagogic (adj) pädagogisch
pedagogically speaking pädagogisch gesehen
pedagogue Pädagoge(-in)
pedagogy Pädagogik
pediatric nurse (US) Kinderkrankenschwester
pediatrician (US) Kinderarzt/ärztin
pediatrics (US) Kinderheilkunde
pee (v) pinkeln; **to ~ (in) one's pants** in die Hose pinkeln; **to ~ oneself** sich bepinkeln; **to have a ~** pinkeln gehen
peek-a-boo "Wo-bin-ich"-Spiel
peer Ebenbürtiger, Gleichaltriger, Gleichrangiger
peer acceptance Anerkennung durch Gleichaltrige
peer group Peer Group, informelle Gruppe von Gleichrangigen, Gleichaltrigen
peer interaction Kontakt mit Gleichaltrigen
peer support Unterstützung durch Gleiche
pen Stift, Schreibstift, Kuli
perambulator *(veraltet)* Kinderwagen
perceive (v) wahrnehmen, verstehen
perception Wahrnehmung; **auditory ~** akustischeW.; **kinesthetic ~** kinästhetische W.; **tactile ~** taktile W.;

olfactory ~ Geruchsw.; **gustatory ~** Geschmacksw.; **depth ~** Tiefenw.
perception of colour Farbensinn
perceptual development Entwicklung der Wahrnehmungsfähigkeit
perceptual disorders Wahrnehmungsverarbeitungsschwierigkeiten
performance Leistung
performance evaluation Leistungsmessung
perils Gefahren
perinatal (adj) während und unmittelbar nach dem Geburtsvorgang
period of quiet (after lunch) Mittagsruhe
peripatetic teacher Lehrer(in), der/die an mehreren Schulen unterrichtet, ambulanter Stützpädagoge
permanently disabled dauerhaft behindert
permissive society freizügige Gesellschaft
permissiveness Toleranz, Freizügigkeit
persistence Beharrlichkeit
person in need of help hilfsbedürftige Person
person under age Minderjährige(r)
person-centered counselling Gesprächsführung
personality disorder Persönlichkeitsstörung
pertussis Keuchhusten
pester (v) belästigen, nerven
petting zoo; ~ farm Streichelzoo
PGCE > *Postgraduate Certificate in Education*
PhD (Doctor of Philosophy) Doktor, Dr.
physical closeness körperliche Nähe
physical defect Körperbehinderung
physical development körperliche Entwicklung
physical education Sportunterricht; körperliches Training zur Entwicklung der Grobmotorik
physically challenged behindert
physically handicapped körperbehindert
physician Arzt, Ärztin
picture book Bilderbuch
pilot project Modellversuch
pilot study Pilotstudie, Vorstudie
pincer grasp Zangengriff
pincer prehension Daumen-Zeigefingergriff bei Säuglingen

pinkie, pinky (US) kleiner Finger
pinny Lätzchen
placement Vermittlung (einer Arbeit); Unterbringung (Heim, Anstalt); (Arbeits-) Stelle, **work ~** Praktikum in einem Betrieb, einer Einrichtung
placement recordings Praxisberichte
placement service Vermittlungsdienst
placement supervisor Praxisanleiter(in)
placement test Einstufungstest
plan of practical training Arbeitsplan für das Praktikum
plastic cover for electrical outlets Kindersicherung an Steckdosen
Plasticine® (Brit) Knetmasse, -gummi
play age Spielalter
play area abgegrenztes Spielgebiet innerhalb eines Gruppenraums
play drive Spieltrieb
play leader Gruppenleiter(in); (Scot) päd. Mitarbeiter(in) im Elementarbereich, z.B. in *playgroups*
play tag (v) Fangen spielen
play therapy Spieltherapie
play truant (v) (die Schule) schwänzen
Play-Doh®**, play dough** Knetmasse, auch: Salzteig
playground Spielplatz
playgroup (Brit) Spielgruppe, Krabbelgruppe (private Initiative, nur wenige Stunden/Woche)
playgroup leader (Brit) Spielgruppenleiter(in)
playing card Spielkarte
playing field Sportplatz
playmate Spielkamerad(in)
playpen Laufstall
plaything Spielzeug
pliable (adj) anpassungsfähig
plight Notlage
plimsoll Turnschuh
PLOD > *possible lines of direction*
plywood Sperrholz
policy Programm, Grundsatz, Richtlinie
poliomyelitis Kinderlähmung
political asylum politisches Asyl; **to seek / grant ~** politisches Asyl beantragen / gewähren
polling study *(soz)* Umfrage, statistische Erhebung;
pollute (v) *(Umwelt)* verschmutzen, verunreinigen
polluter pays principle

Verursacherprinzip *(im Umweltschutz)*

pollution *(Umwelt-)* Verschmutzung

polytechnic (Brit) Fachhochschule

poo, poop *(Kindersprache)* Kacke; **do a ~** kacken; **to ~ in the pants** in die Hose machen; **did you make a ~** hast du in die Hose gemacht?

poor *(päd)* schlecht, ungenügend; **~ behaviour** schlechtes Verhalten; **~ student** schlechter Schüler

poorly paid schlecht bezahlt

portfolio Mappe, Dokumentation

portray (v) schildern, darstellen

positive attribution positive Zuschreibung

positive discrimination Bevorzugung zum Ausgleich für soziale Benachteiligung

positive reinforcement positive Verstärkung

possible lines of direction (PLOD) mögliche Entwicklungslinien

postgraduate Student(in) nach Erreichen des ersten akad. Grades

postgraduate studies Aufbaustudium

postgraduate | course; ~ studies Graduiertenstudium; Studiengang, der einen akad. Abschluss voraussetzt

Postgraduate Certificate in Education (PGCE) (Brit) berufsqualifizierender Abschluss für Erzieher(innen) und Lehrer(innen), einjähriges Pädagogikstudium (mit Praktika) auf Hochschulniveau nach dem Fachstudium

postnatal (adj) nachgeburtlich

postnatal depression Wochenbettdepression

posture Körperhaltung

potty Töpfchen

potty-trained (adj) sauber sein; **is Mary ~ yet?** geht Mary schon aufs Töpfchen?

potty-training Sauberkeitserziehung

practical praktische Prüfung

practical attitude; to have a ~ praxisorientiert sein

practical experience praktische Erfahrung, Praxiserfahrung

practical placement Betriebspraktikum *(bezieht sich nicht nur auf Wirtschaftsbetriebe,*

sondern auch auf soz.-päd. Einrichtungen)
practical studies Praktikum
practical term Praxissemester, Praktikum
practical training Praktikum
practical work experience Praktikum
practice teacher (US) Lehrer-Referendar
practice Übung; Handeln; Training; **in ~** in der Praxis; **private ~** Privatpraxis
practiced (adj) erfahren
practicum Praktikum; **~ abroad** Auslandspraktikum
practitioner Fachkraft, *i.w.S.* Erzieher/in
praise Lob
pram (Brit) Kinderwagen
precaution Vorsichtsmaßnahme
précis (schriftliche) Zusammenfassung
preconceived idea vorgefasste Meinung
predict (v) voraussagen, vorhersagen
prediction Vorhersage, Prognose
predominance Vorherrschaft
preference Vorliebe
pregnancy Schwangerschaft, **teenage ~** Schwangerschaft von Minderjährigen
pregnant (adj) schwanger; **she's seven months ~** sie ist im siebenten Monat; **she is ~ with twins** sie erwartet Zwillinge
prehension Greifen (mit den Händen)
prehensory behaviour Verhalten (besonders Handmotorik) beim ersten Greifen des Säuglings
prejudice Vorurteil, Voreingenommenheit; **~ against...** Vorurteile gegen...
pre-kindergarten, pre-K (US) Kindergarten für 3 – 5-jährige Kinder, schließt nicht die Vorschule (> *kindergarten*) ein, Teil einer > *pre-school*
prelinguistic vorsprachliche Lautbildung
premature (adj) verfrüht, frühreif; **he was born six weeks ~** er wurde sechs Wochen zu früh geboren
premature baby Frühgeburt, Frühchen
premature birth Frühgeburt
premises Gebäude, Räumlichkeiten; **school ~** das Schulgelände
prenatal (adj) vorgeburtlich, pränatal; **~ care**

vorgeburtliche Betreuung, Geburtsvorbereitung; **~ development** vorgeburtliche Entwicklung

pre-operational (adj) präoperational

preparatory class Vorschulklasse

preparatory school, prep school (Brit) private Schule (8–13 Jahre) zur Vorbereitung auf eine > public school

prepare (v) vorbereiten

prepared environment vorbereitete Umgebung

preprimary class Schulkindergarten

preprimary schooling Vorschulerziehung, die vor der eigentlichen Vorschule *(preschool)* einsetzt

prepuberty Vorpubertät

prerequisite Voraussetzung

Presbyterian Church, Church of Scotland schottische presbyterianische (protestantische) Kirche *(Trägerin von Schulen und Kindergärten in Schottland)*

preschool (adj) vorschulisch, Vorschul- ; **~ age** Vorschulalter; **~ education** vorschulische Erziehung

pre-school (Brit) Elementarbereich ohne Vorschule, 3–5 Jahre, halbtags, nur während der Schulzeit (> *reception class*); (US) Kindergarten, Kindertagesstätte, die den Erziehungsbehörden untersteht, umfasst > *pre-kindergarten* oder > *nursery school*

preschool facilities vorschulische Einrichtungen

pre-school playgroup Eltern-Kind-Gruppe

preschooler (US) Vorschulkind, Kindergarten-Kind

presentation Präsentation, Ausstellung

pre-teen (adj) Kinder zwischen dem zehnten und zwölften Lebensjahr

pretend (v) so tun als ob, vorgeben

pretend (adj) Spiel-; **this doll is Katie's pretend baby** mit dieser Puppe spielt Katie Baby

pretend play symbolisches Spiel

preventive measures Vorsichtsmaßnahmen

prevention Verhinderung, Vermeidung, Vorbeugung; *(med.)*Vorsorge

previous experience voran-

gegangene Erfahrungen
primary education Grundschulbildung
primary material Anfangsmaterial
primary school (Brit) Grundschule (5.–11. Lebensjahr)
primary stage of education Primarstufe, Primarbereich
primary teacher Grundschullehrer(in)
primary tooth Milchzahn
principal (of a nursery school) Leiter(in)
principal (of a school) Schulleiter(in)
private agencies freie Träger
private associations freie Verbände
private parts Geschlechtsteile
proactive (adj) initiativ; **~ attitude** Eigeninitiative
proactivity (US) Initiative, Aktivität
probability Wahrscheinlichkeit
probation Probezeit; Bewährung; **to be on ~** Probezeit haben, auf Bewährung sein
probation officer Bewährungshelfer(in)
probationary period Probezeit; *(für LehrerInnen)* Referendariat (D)
probationary year Berufspraktikum von einem Jahr, Jahrespraktikum
problem-solving skills Problemlösefähigkeiten
proficiency Leistung, Tüchtigkeit
profound (adj) *(im Zusammenhang mit Behinderungen)* sehr schwer
progressive educational approaches reformpädagogische Ansätze
promote (v) fördern
promote development Entwicklung fördern
promotion measures for highly gifted students Begabtenförderung
promotion prospects Aufstiegschancen
propensity Hang, Neigung **(to, for** zu)
proper care angemessene Sorge
proprioception Kinästhetik *(durch die Sinne wahrgenommene (Eigen-) Bewegung im Raum)*
props Requisiten, Verkleidungen
prosocial behaviour (positives) soziales Verhalten
protection of children

Kinderschutz
protective legislation for working mothers Mutterschutzvorschriften
provide (v) anbieten, zur Verfügung stellen
provider Träger (einer Einrichtung)
provision Bereitstellung, · Versorgung, Angebot; **educational ~** schulische / Erziehungsmaßnahmen
provisions Einrichtungen, Summe aller Angebote
PSHE (Personal, Social and Health Education) (Brit) *etwa:* Lebenskunde (Schulfach)
psychiatric [saiki'ætric] (adj) psychiatrisch; **~ child care worker** Psychagoge, Psychagogin
psychically ['saikikᵉli] (adj) psychisch
psychological [,saike'lodjikᵉl] (adj) psychologisch
psychomotor learning objectives psychomotorische Lernziele
puberty Pubertät, Geschlechtsreife
pubescence der Pubertät vorausgehende Periode
public Öffentlichkeit, Allgemeinheit
public (adj) öffentlich
public agencies öffentliche Träger
public foundation Stiftung des öffentlichen Rechts
public funds öffentliche Gelder
public health service öffentliches Gesundheitssystem
public holiday gesetzlicher Feiertag
public law Öffentliches Recht
public ownership Staatsbesitz
public school (Brit) private Oberschule *(oft Internatsschule);* (Scot., US) staatliche Schule
public sector employees Angestellte im öffentlichen Dienst
public servant Angestellte(r) des öffentlichen Dienstes
public service öffentlicher Dienst
publicly funded öffentlich finanziert
publicly funded | provision; **~ services** öffentlich finanzierte Einrichtungen; Angebote
Punch Kasper; **~ and Judy (show)** Kasperletheater
punishment Bestrafung,

Strafe

pupil Schüler(in) (*mst. im Grundschulalter*) (*teilw. veraltet*)

pupil-teacher ratio Lehrer-Schüler-Verhältnis, Gruppen-, Klassenstärke

puppet Marionette, Puppe; **finger ~** Fingerpuppe; **glove ~** Handpuppe

puppet show Marionetten-, Puppentheater

purchase-of-service system (US) kostenpflichtige Einrichtungen der Kinderbetreuung durch freie Träger oder Wirtschaftsbetriebe

purposeful play sinnvolles Spiel

pushbike Fahrrad, Drahtesel

pushchair (Kinder-) Sportwagen

push-up Liegestütze

puzzle Rätsel, Denksportaufgabe; **crossword ~** Kreuzworträtsel; **jigsaw ~** Puzzle; **solve a ~** ein Rätsel lösen

pyjamas (Brit) Schlafanzug

Q

QTS > *qualified teacher status*

quadruplet Vierling

qualification Qualifikation; Schul-, Ausbildungsabschluss

qualification requirement Ausbildungsordnung

qualifications in education in the UK: GCSE / General Certificate of Secondary Education (Engl., Wales, N.I.) *entspricht dem Realschulabschluss in* D.; **SCE / Scottish Certificate of Education / ‚Standard Grade'** (Scot) *das schottische Äquivalent des* GCSE; **A Levels** (Engl., Wales, N.I.) *entspricht dem Abitur in* D., **SCE ‚Highers'** (Scot) *das schottische Äquivalent der* A Levels; **GNVQ / General National Vocational Qualification** berufsqualifizierender Abschluss auf fünf verschiedenen Ebenen *(levels);**siehe auch***

> *EBacc*

qualified (adj) qualifiziert, geeignet, befähigt; **highly ~** hoch qualifiziert; **~ educator** staatlich anerkannte(r) Erzieher(in)

qualified teacher status (QTS) (Brit) Lehrer(in) mit akad. Grad (B.Ed., B.A., B.Sc., PGCE) (in jeder *nursery* muss ein(e) Mitarbeiter(in) QTS haben)

qualifying | examination, ~ test Eignungsprüfung, Aufnahmeprüfung *(Schule, Uni)*

quality Qualität, Wert, Güte; **high / low ~** gute / mindere Qualität

quality development Qualitätsentwicklung

quality enhancement Qualitätsverbesserung

quantitative survey quantitative Befragung

quarrel Streit, Zank; **to have a ~** sich zanken, streiten

question (v) (be-)fragen, verhören, bezweifeln; **to ~ something** etwas bezweifeln

question Frage, Zweifel; Aufgabe (*Schule*)

questionnaire Fragebogen

quiet time Ruhezeit

quintuplet Fünfling

R

race relations Beziehungen zwischen verschiedenen ethnischen Gruppen

racial minority ethnische Minderheit

racial prejudice rassistische Vorurteile, Ausländerfeindlichkeit

racialism Rassismus

racialist Rassist(in); (adj) rassistisch

racism Ausländerfeindlichkeit; Rassismus; **overt ~** offener Rassismus

racist Rassist(in); (adj) rassistisch

racist attack rassistischer Angriff

racist remark rassistische Bemerkung

raffle ticket Los für eine Tombola

rag doll Stoffpuppe

random observation Zufallsbeobachtung

rape Vergewaltigung

rash (Haut)Ausschlag; **nettle**

~ Nesselausschlag; **diaper ~** (US) Windelausschlag
rating Einstufung, Einschätzung
ratio *(zahlenmäßiges)* Verhältnis
RC *Abk. von* **Roman Catholic** römisch-katholisch *oder* **Red Cross** Rotes Kreuz
readiness for school Schulreife
reading age Lesealter; **to have a ~ of eight** wie ein/e Achtjährige/r lesen können
reading comprehension Leseverständnis
reading skill Lesefähigkeit
realize (v) sich klar werden, sich bewusst werden, zu der Erkenntnis gelangen
real-life situations Alltagssituationen
rear (v) aufziehen, großziehen
reason Vernunft
reasonable (adj) vernünftig, verstandesgemäß; angemessen
reasoning Logik, logisches Denken, Schlussfolgern
reassurance Bestärkung
reassure (v) jemanden (wieder) beruhigen
reassuring (adj) beruhigend
reception class (Brit) Vorschulklasse in einer Schule, erste Klasse
reception teacher Vorklassenleiter/in
receptive to teaching bildungsfähig
receptivity Aufnahmefähigkeit
reciprocal (adj) gegenseitig, beidseitig
reciprocal introduction gegenseitige Vorstellung *(im Sinne von „bekannt machen")*
reciprocity Wechselseitigkeit, Reziprozität
recite (v) auswendig aufsagen
recognition Anerkennung
recognize (v) erkennen, anerkennen
recognized trainee occupation Ausbildungsberuf
recommendation Empfehlung
reconcile (v) schlichten, versöhnen, vereinbaren
reconstituted family Patchwork-Familie, Stieffamilie
record Aufzeichnung, Unterlage, Akte, Protokoll, Bericht
record sheet Protokollbogen
recorder Blockflöte
records Unterlagen

recover (v) sich erholen
recovery Genesung, Erholung
recreation Erholung
recreation ground Freizeitgelände
recreation room Aufenthaltsraum (für die Freizeit)
recreational facilities Einrichtung für Erholung und Spiel
recycling centre Wertstoffsammelstelle
red tape (Brit) Amtsschimmel; Bürokratie
redundancy Entlassung von Personal; **~ payment** Abfindung bei Entlassung
re-educate (v) umerziehen
refectory Speiseraum in der Schule
reference Arbeitszeugnis, Referenz
reference group Bezugsgruppe
reflection (päd) Reflexion, Rückblick
reflective parenting bewusste Elternschaft
refugee Flüchtling
register (v) (sich) anmelden, einschreiben, registrieren
registered association eingetragener Verein (e.V.)
registered charity eingetragene gemeinnützige Einrichtung, Hilfsorganisation
registered childminder professionelle, hauptberufliche Tagesmutter
registry office; **registry**; **register office** (Brit) Standesamt
regress (v) sich verschlechtern, Rückschritte machen
regression Regression, Verschlechterung, Rückentwicklung
regulation Verordnung, Vorschrift, Verfügung
rehabilitation centre Rehabilitationszentrum; **drug ~** Entziehungsanstalt
reinforce (v) bestätigen, verstärken
reinforcement Verstärkung, Bekräftigung, Belohnung; **negative ~** negative Verstärkung, Strafe
reintegration Wiedereingliederung, Resozialisierung
reject (v) zurückweisen
relate (v) in Beziehung treten; **she ~s well to young people** sie baut leicht Beziehungen zu jungen Leuten auf
relate to someone eine Beziehung zu jemandem herstellen
relation Beziehung,

Verhältnis; Verwandte(r)
relationship Verhältnis, Verwandtschaftsverhältnis; **~ phobia** Beziehungsangst
relative Verwandte(r)
relaxation Entspannung
relevant work experience einschlägige Berufserfahrung
reliability Zuverlässigkeit, Genauigkeit
relief Unterstützung, Hilfeleistung
religious belief religiöser Glaube
religious instruction Religionsunterricht
remedial (adj) Förder-...; **~ education** Förderunterricht
remedial class Schulklasse mit Förderunterricht
remedial lessons Förderunterricht
remedial teaching Heilpädagogik
repeat a year, have to ~ sitzen bleiben, ein Schuljahr wiederholen
repetitive pattern sich wiederholendes Muster
report Beurteilung, Bericht; **school ~** Zeugnis
represent (v) darstellen, symbolisieren
representation Stellvertretung, Darstellung
representative stage Periode, in der das Kind Objekte malt, wie es sie sieht
repression *(psych)* Unterdrückung, Verdrängung
request Anfrage, Ersuchen
require (v) bedürfen, benötigen, *auch:* beanspruchen
research and development Forschung und Entwicklung
research department Forschungsabteilung
resentment Verbitterung, Groll
residence *(jur)* Aufenthaltsbestimmung
residence permit *(jur)* Aufenthaltserlaubnis
residency *(jur)* Aufenthaltsbestimmungsrecht; **grant a ~ order in one's favour** das Aufenthaltsbestimungsrecht zugesprochen erhalten; **permanent ~** ständiger Wohnsitz
residential area Wohngebiet
residential care Heimerziehung
residential care worker Heimerzieher(in)
residential care officer Mitarbeiter(in) in einem Wohnheim

residential centre Wohnheim
residential childcare Fremdunterbringung
residential child care worker Heimerzieher(in)
residential district Wohngebiet
residential home Heim
residential provision Internatseinrichtung
residential school Internatsschule
residential unit Wohneinheit im Internat
resilience *(psych)* Resilienz, *auch:* Strapazierfähigkeit
resolve a conflict (v) Konflikt beheben, lösen
resource person Bezugsperson
resource teacher (Irl) Sonderschullehrer(in)
resource room Medienraum
resourceful (adj) einfallsreich, findig
resources Hilfsquellen, Mittel
respond (v) reagieren, auf etwas antworten
responsibility Verantwortlichkeit, Verantwortung
responsive (adj) ansprechbar, reagierend
responsiveness Empfindlichkeit, Empfänglichkeit
rest home Altersheim
rest time Ruhezeit
restrain (v) jmd. zurückhalten
restrained (adj) beherrscht
restraints Beschränkungen
restrict (v) beschränken, begrenzen
restrictive (adj) einschränkend, einengend
retaliate (v) s. rächen, vergelten
retardation Retardierung, Verzögerung
retarded (adj) entwicklungsgestört; zurückgeblieben; **mentally ~** geistig zurückgeblieben
retire (v) in den Ruhestand gehen
retired (adj) im Ruhestand
retirement age Rentenalter; Altersgrenze
retraining Umschulung
reunion Treffen, Zusammenkunft; **family ~** Familientreffen
revealing (adj) aufschlussreich
review Beurteilung
revise (v) *(päd)* üben, wiederholen
reward Belohnung
right of asylum Asylrecht
right of custody *(jur)* Sorgerecht
right to exist Recht auf

Leben, Daseinsberechtigung
right-handedness Rechtshändigkeit
rightist Rechter, Rechtsradikaler
rigid (adj) rigide, unnachgiebig
ring games Kreisspiele
risk factors Risikofaktoren
rite Ritus, Zeremoniell
rivalry Konkurrenz, Rivalität
road safety training Verkehrserziehung
rocking horse Schaukelpferd
role Rolle
role allocation Rollenzuweisung
role behaviour Rollenverhalten, Rollenhandeln
role conflict Rollenkonflikt
role model Rollenvorbild, Leitbild
role play, role playing Rollenspiel
role reversal Rollentausch
roller skate Rollschuh, Rollerskate
roller skating rink Rollschuhbahn
roller-coaster Achterbahn
roster (US) Dienstplan
rota Liste, Plan; **daily ~** Tagesplan; **weekly ~** Wochenplan; **duty ~** Dienstplan
rota system Dienstplan
rotation schema *(schema)* das Verhaltensmuster der „Rotation"
rote learning; **to learn by rote** auswendig lernen, mechanisches Lernen, pauken
roundabout Karussell, Kreisverkehr
row Streit
rubella Röteln
rude (adj) unhöflich
rule Regel, Vorschrift, Bestimmung
run (v) leiten, betreiben; **this institution is ~ by the state** diese Einrichtung wird vom Staat betrieben; **to ~ a nursery** einen Kindergarten leiten
runaway Ausreißer
running translation Simultanübersetzung
runny nose „laufende Nase"
rural environment ländliche Umgebung
rush (v) hetzen

S

sabbatical, ~ leave, ~ year Sabbatjahr, einjährige Freistellung von der Arbeit
sack (v) jmd. kündigen, hinauswerfen
safeguard Vorsichtsmaßnahme
safety harness Sicherheitsgurt für Kinder
saliva Speichel
same-sex union gleichgeschlechtliche Ehe
sandman Sandmännchen
sandpail (US) Sandeimer
sandpit (Brit) Sandkasten
satchel (Schul-) Ranzen
saying Sprichwort
scaffolding *(päd)* Strukturierung pädagogischer Prozesse
schedule Fahrplan, Terminplan; **teaching ~** Lehrplan
schema [ski:ma] *(päd)* Schema, Verhaltensmuster, Handlungsmuster; > *core and radial;* > *connection*; > *enveloping*; > *rotation*; > *transporting;* > *trajectory*
schema cluster miteinander verbundene Verhaltensmuster
scheme [ski:m] Projekt, Plan, Programm
scholarship Stipendium
school Schule; **primary ~** (Brit), **elementary ~** (US) Grundschule; **secondary ~** (Brit) Oberschule, weiterführende Schule; **junior high ~** (US) 7. – 9. Klasse; **senior high ~** (US) 10. – 12. Klasse; **high ~** (US) Oberschule; > *infant ~, junior ~*
school attendance Schulbesuch
school country hostel Schullandheim
school curriculum Lehrplan
school drop-out Schulabbrecher(in)
school entrance age Schuleintrittsalter
school fees Schulgeld
school inspector (Brit) Schulrat
school leaver Schulabgänger
school magazine Schülerzeitung
school report (Schul-) Zeugnis
school secretary's office Schulsekretariat
school trip Klassenfahrt
school-age (adj) schul-

pflichtig; **~ children** schulpflichtige Kinder
school-age centre (Kinder-) Hort
school-age childcare worker Horterzieher(in) (D)
school-leaving | certificate Abschlusszeugnis; **~ age** Abgangsalter von der Schule
school-shooting Amoklauf an e-r Schule
scientific literacy naturwissenschaftliche Grundbildung
scooter Roller
Scottish Certificate of Education (SCE) schottisches Äquivalent des englischen > *GCSE*
Scottish Education Department schottisches Erziehungsministerium
Scottish Qualifications Authority (SQA) Schottisches Prüfungsamt
scrap book Sammelalbum
scribbling developmental stage Kritzelalter
second (v) *(meist passiv)* abgestellt, dienstlich befreit werden; **headteachers are ~ed from these duties** Leiter(innen) werden von dieser Pflicht befreit
second forename zweiter Vorname
second language erste Fremdsprache
second language learning Zweitspracherwerb
second name Nachname
secondary bonding Sekundärbeziehung
secondary education Erziehungsabschnitt für 12 – 17-Jährige
secondary school Oberschule, weiterführende Schule
secondment Abstellung, Versetzung *(für Arbeitnehmer(innen))*
secrecy Schweigepflicht
secure establishment geschlossene Einrichtung
see-saw Wippe; (v) wippen
segregate the sexes die Geschlechter trennen
segregated school Schule mit Rassentrennung
segregation Trennung, Segregation; **racial ~** Rassentrennung
seizure Anfall (*z.B.* Epilepsie, Krampf ~)
select (v) auswählen
self-abasement Selbsterniedrigung
self-absorbed (adj) mit sich selbst beschäftigt

self-actualisation Selbst-verwirklichung
self-assertion Selbst-bewusstsein, Durch-setzungsvermögen, Geltend-machung seiner Rechte
self-assertive (adj) anmaßend, überheblich, sich be-hauptend
self-assessment Selbst-einschätzung
self-assurance Selbst-sicherheit, Selbst-bewusstsein, Selbst-vertrauen
self-assured (adj) selbstsicher
self-aware (adj) selbstkritisch
self-awareness Selbst-erkenntnis
self-centred (adj) ichbezogen, egozentrisch
self-command Selbst-beherrschung
self-complacent (adj) selbst-zufrieden
self-concept Selbstbild, Selbstverständnis
self-confidence Selbst-bewusstsein, Selbst-vertrauen
self-consciousness Befangen-heit, Gehemmtheit
self-contained (adj) selbst-ständig, unabhängig
self-control Selbst-beherrschung
self-development Selbst-entfaltung
self-directed activity Eigen-tätigkeit *(des Kindes)*, Selbsttätigkeit
self-efficacy Durch-setzungsfähigkeit, Selbst-wirksamkeit
self-efficacy belief Glaube, dass man seine eigenen Lebensumstände kontrollieren kann
self-employed childminders selbstständige Tageseltern
self-esteem Selbstachtung
self-evaluation Selbst-bewertung, Selbst-einschätzung
self-evident (adj) offen-sichtlich, selbstverständlich
self-expression Ausdruck der eigenen Persönlichkeit
self-fulfilling prophesy eine sich selbst erfüllende Voraussage; Verhaltens-erwartung, die das erwartete Verhalten auslöst
self-governing selbstverwaltet
self-guided learning selbst-gesteuertes Lernen
self-harm Selbstverletzung
self-help-group Selbst-hilfegruppe
self-indulgence Maßlosigkeit,

Zügellosigkeit
self-inflicted selbstzugefügt; **~ wounds** Selbstverstümmelung
selfish (adj) selbstsüchtig, eigennützig
self-mastery Selbstbeherrschung
self-possessed (adj) selbstbeherrscht
self-realization Selbstverwirklichung
self-respect Selbstachtung
self-restraint Selbstbeherrschung
self-sufficient (adj) unabhängig
self-worth Selbstwert; **feel ~** sich wertvoll fühlen
Sellotape ® (Brit) Tesafilm ®
semi-skilled (adj) angelernt
SEN-children > *special educational needs*
SENCO (Special Educational Needs Co-Ordinator) Koordinator für Integrationskinder an Schulen
senior citizens ältere Menschen
senior high school (US) Oberschule, 10. – 12. Schuljahr
sense Verstand, Bedeutung; Sinn; **hearing ~** Gehör; **~ of taste** Geschmackssinn, **tactile ~** Tastsinn
sense of achievement Erfolgserlebnis
sense of touch Tastsinn
sense organ Sinnesorgan
sensibility Verständnis, Einfühlungsvermögen
sensible (adj) vernünftig
sensitive (adj) verständnisvoll, sensibel
sensitive period sensible Phase
sensitivity Verständnis, Empfindsamkeit, Sensibilität
sensitize (v) jemanden für etwas sensibilisieren
sensorial, sensori-, sensory (adj) sinnes-, die Sinne betreffend
sensori motor *(adj)* sensomotorisch
sensorimotor development sensomotorische Entwicklung
sensorimotor period sensomotorische Phase
sensory development Entwicklung der Sinne
sensory exercise Sinnesübung
sensory materials Sinnesmaterialien
sensory organ Sinnesorgan
sensory perception Sinnes-

wahrnehmung
sensory-motor senso-motorisch
sensual (adj) sinnlich; **~ experience** sinnliche Erfahrung
separate (v) sich trennen
separate person eigenständige Person
separation Trennung *(auch ehelich)*
separation anxiety Trennungsangst
separation difficulty Trennungsschwierigkeiten
separation distress Trennungsschmerz
service Dienst, Dienstleistung; Angebot
session Sitzung, *(Unterrichts)* Stunde
set limits Grenzen setzen
setback Rückschlag
setting Umwelt, Umfeld; *(päd)* Form der Leistungsdifferenzierung
session record Stundenprotokoll
settle in (v) sich eingewöhnen, einleben; **to ~ somebody** jemandem helfen, sich einzugewöhnen
settling-in Eingewöhnung
severe (adj) (*im Zusammenhang mit Behinderungen)* schwer
severely disabled schwerbehindert
sex *(biologisches)* Geschlecht
sex discrimination Diskriminierung aufgrund des Geschlechts
sex education Sexualerziehung
sex roles Geschlechtsrollen
sexual abuse sexueller Missbrauch
shadow (v) jemanden (bei der Arbeit) begleiten und beobachten
shaping Formung
share (v) teilen, teilhaben, austauschen, weitergeben, gemeinsam...; **~ a flat** in einer Gemeinschaftswohnung wohnen; **~ in** teilnehmen an, **~ information** mitteilen
sharing time Zeit, in der die Kinder über selbst gewählte Themen oder über mitgebrachte Dinge sprechen
shelter Unterschlupf, Schutz
sheltered accommodation betreutes Wohnen *(z.B. Behinderte)*
sheltered workshop Behindertenwerkstatt
shift Schicht, Dienstzeit;

early ~ Frühdienst; **late ~** Spätdienst

shift change-over Übergabe, Besprechung bei Schichtwechsel

shift hand-over Übergabe, Besprechung bei Schichtwechsel

shortage Engpass

short-term memory Kurzzeitgedächtnis

Show and Tell Day Tag, an dem eigenes Spielzeug mit in den Kindergarten gebracht werden kann

show round einen Rundgang machen, eine Besichtigungstour durchführen

shuffle (v) schlurfen

sibling rivalry Geschwister-Rivalität

siblings *(meist pl) (Abk* **sib***)* Geschwister

sick (adj) krank, **to be ~** sich übergeben müssen

sick certificate Krankenschein

sick leave krankheitsbedingte Abwesenheit von der Arbeit; **to be on ~** krank geschrieben sein

sick note Krankmeldung

sick pay Lohnfortzahlung (bei Krankheit)

sickness Krankheit, Übelkeit, Erbrechen

sickness benefit (Brit) Krankengeld

side effect Nebenwirkung

side trip Tagesausflug

SIDS > sudden infant death syndrome

sign language Gebärdensprache

significant (adj) beachtlich, bedeutsam, signifikant

significant difference deutlicher Unterschied

significant improvement beachtliche Verbesserung

single allein stehend, allein erziehend

single child family Familie mit einem Kind

single family Familie mit einem Elternteil; Ein-Eltern-Familie

single | mother; ~ father allein erziehende(r) Mutter / Vater

single parent allein erziehender Elternteil

sinusitis Nasennebenhöhlenentzündung

sit an exam eine Prüfung ablegen

sit in (on a class) (v) hospitieren

situation Situation

situation analysis Situations-

analyse
situational approach Situationsansatz
situation-oriented approach Situationsansatz
sixth form (Brit) letztes (12.) Schuljahr vor den > A Levels; **~er** Schüler(in) dieser Klasse
size constancy Größenkonstanz *(bei der optischen Wahrnehmung)*
skate (v) Schlittschuh laufen, Rollschuh fahren, Rollerskate fahren
skating rink Eisbahn; Rollschuhbahn
skill Geschick, Fähigkeit; **language ~s** Sprachkompetenz; **manual ~** Handgeschicklichkeit; **game of ~** Geschicklichkeitsspiel; **basic ~s** Grundfähigkeiten
skilled (adj) geschickt; gut ausgebildet
skilled worker Facharbeiter(in)
skin cancer Hautkrebs
skip (v) hüpfen, seilspringen
skipping Seilspringen
skipping rope Springseil
slap schlagen
sleeping in nächtlicher Bereitschaftsdienst von Mitarbeitern in Kinderheimen
sleepy (adj) schläfrig **slide** (Kinder-) Rutsche
sliding scale progressive Skala
sling Tragetuch für Babys
slither (v) rutschen, schlittern
slow pupil Schüler, der in seinen Leistungen hinter der Klasse zurückbleibt
smack (v) prügeln; **~ somebody's bottom** jemandem den Hintern versohlen
small-for-date baby zum korrekten Geburtszeitpunkt untergewichtiges Baby
small motor skills Feinmotorik
snakes and ladders Leiterspiel *(Brettspiel)*
Snoezelen Room Snoezelraum etwa: Entspannungsraum)
snotty (adj) (F) rotzig, Rotz- *(in Zusammensetzungen)*
snotty-nosed (adj) (F) rotznasig
snow suit Schneeanzug
sociable (adj) gesellig
social (adj) Gesellschafts-, gesellschaftlich
social | office; **~ department** Sozialamt

social adaptability soziales Anpassungsvermögen
social and economic issues soziale und wirtschaftliche Probleme
social aptitude soziale Anpassungsfähigkeit
social behaviour Sozialverhalten
social care Sozialpflege; **~ orientation** sozialpflegerische Orientierung
social event gesellschaftliches Ereignis
social exclusion soziale Ausgrenzung
social insurance Sozialversicherung
social pedagogue Sozialpädagoge/-in
social pedagogy Sozialpädagogik
social problems soziale Probleme
social sciences Gesellschafts-, Sozialwissenschaften
social security (benefit) Sozialhilfe
social services staatliche Sozialleistungen
social skills soziale Fähigkeiten
social studies Sozialkunde, Gesellschafts-, Sozialwissenschaften
social work Sozialarbeit; **~er** Sozialarbeiter(in)
socialization Sozialisationsprozess
socially (adj) gesellschaftlich, das Sozialverhalten betreffend
societal (adj) gesellschaftlich
society Gesellschaft; **multicultural ~** multikulturelle Gesellschaft
sociology of education Erziehungs-, Bildungssoziologie
sole parent allein erziehender Elternteil
solid food feste Nahrung
solitary play Einzelspiel
solvent Lösemittel; **to abuse ~s** Lösemittel missbrauchen, schnüffeln
somersault Purzelbaum; (v) einen Purzelbaum schlagen, sich überschlagen
soothe (v) beschwichtigen, lindern
sophomore Student im zweiten Studienjahr
sore throat Halsschmerzen
sorrow Kummer, Traurigkeit, Leid
sound | box; ~ cylinder Rasselbüchse
sound basis solide Grundlage
source language Ausgangs-

sprache
spank (v) verprügeln, jmd. einen Klaps geben
spastic (adj) spastisch
spatial (adj) räumlich
spatial awareness räumliches Bewusstsein
spatial sense räumliches Vorstellungsvermögen
special (educational) needs Sondererziehungsanforderu ngen, sonderpädagogische Förderbedürfnisse; **SEN-children** Kinder mit besonderen pädagogischen Bedürfnissen z.B. wegen Behinderung
special education Sonder-erziehung; **~ teacher** Sonderschullehrer(in)
Special Educational Needs Co – Ordinator Koordinator für Integrationskinder an Regel-schulen
special kindergarten Sonder-kindergarten
special needs assistant (Brit) Assistenzkraft für Schüler/innen mit sonder-pädagogischem Förder-bedarf
special needs child Kind mit besonderen Bedürfnissen, z.B. wegen Behinderung
special needs education Sonderpädagogik
special needs kindergarten educator Erzieherin in einem Sonderkindergarten
special needs teaching Sonderschulwesen
special school Sonderschule
specific observation gezielte Beobachtung
speech defect Sprachfehler
speech disorder Sprach-störung
speech impediment Sprach-fehler
speech pattern Tonfall, Sprachmelodie
speech therapist Logo-päde/in, Sprachtherapeut(in)
speech therapy Logopädie, Sprachtherapie
spelling Rechtschreibung
spelling | error, ~ mistake Rechtschreibfehler
spending money Taschengeld
sphere Kugel
spinal column, spine Wirbel-säule
spinner Drehgrüst auf Spiel-platz
split (v) (auf)teilen, sich trennen
split-up Trennung
spoil (v) Spaß verderben, *auch*: verwöhnen, zerstören

spoilt (adj) verwöhnt, verzogen, verdorben

spontaneous unfolding selbsttätige Entfaltung

spoon-feed (v) jmd. mit dem Löffel füttern

spring rocker Spielgerät im Außenbereich: Sitz auf einer starken Feder zum Wippen

SQA > *Scottish Qualifications Authority*

stabilizers, stabilizing wheels Stützräder beim Fahrrad

staff (v) (*meist passiv*) beschäftigen; **nurseries are ~ed with qualified teachers** in den Kindergärten werden qualifizierte Lehrerinnen beschäftigt; **there are ~ed adventure playgrounds** es gibt Abenteuerspielplätze mit angestelltem Personal

staff Mitarbeiter, Kollegen, Kollegium; **teaching ~** Lehrpersonal; **member of ~** Mitarbeiter(in)

staff meeting Mitarbeiterbesprechung, Dienstbesprechung

staff room Lehrerzimmer, Personalraum

staff training Ausbildung der Mitarbeiter(innen), des Personals

staff-child ratio zahlenmäßiges Verhältnis von Erziehern zu Kindern; Erzieher-, Personalschlüssel

staffing Personalausstattung; Stellenbesetzung

stakeholder Interessenvertreter

stand back (v) sich zurückhalten

Standard Grade / Scottish Certificate of Education / SCE mittlerer Schulabschluss in Schottland

standing conference ständige Arbeitsgemeinschaft, Ausschuss

state education staatliches Bildungswesen

state of marriage Ehestand

state school öffentliche Schule

state subsidized facility staatlich finanzierte Einrichtung

state subsidy staatliche Subvention

state support staatliche Unterstützung

state-funded staatlich finanziert

statement Darstellung, Behauptung, Feststellung

state-registered educator staatlich anerkannte(r) Erzieher(in) (D)

state-registered nursery worker staatlich anerkannte(r) Kinderpfleger(in) (D)
statute Satzung *(Verein, Organisation)*
statutory (adj) gesetzlich
statutory agency öffentlicher Träger
statutory body Körperschaft des öffentlichen Rechts
statutory school age gesetzliches Einschulungsalter
stay down a year sitzen bleiben, in der Schule nicht versetzt werden
steady (adj) beständig, gleichbleibend
stepchild Stiefkind
stepmother Stiefmutter
stepping stones Teilziele, „Trittsteine" zur nächst höheren Stufe
stereotyped klischeehaft
stick figure Strichmännchen
stigma Stigma, Zeichen, Mal; **social ~** gesellschaftlicher Makel
stigmatize (v) jmd. abstempeln, brandmarken, stigmatisieren
stillbirth Totgeburt
stillborn (adj) tot geboren
stimulate (v) anregen
stimulating (adj) anregend, begeisternd, stimulierend; **~ environment** anregende Umgebung
stimulation Anregung
stimulus *(psych)* Antrieb, Anreiz, Ansporn; **aversive ~** unangenehmer Reiz
storybook Buch mit Kindergeschichten
storytime Vorlesezeit
strands of development Entwicklungsstränge
stranger anxiety Fremdeln, Angst vor Fremden
stream (Brit) *(päd)* Leistungsgruppe
streaming (Brit) *(päd)* Einteilung in Leistungsgruppen
street work Straßensozialarbeit
strive (v) streben, bemühen
stroke Strich; **brush ~** Pinselstrich; Schlag, Hieb
stroller (US) (Kinder-) Sportwagen
stubborn (adj) dickköpfig, hartnäckig, störrisch
student Student(in), Studierende(r), Oberschüler(in); **university ~** Student an einer Universität
student on placement Praktikant(in)

student teacher Praktikant(in) in der Lehrer (innen)-Ausbildung
study trip Exkursion
study visit Studienreise
stutter (v) stottern
subject lessons Fachunterricht
subject theory Fachtheorie
subsidies Subventionen, Zuschüsse
subsidize (v) mit öffentlichen Mitteln unterstützen
substance abuse Drogenmissbrauch
substandard (adj) unterhalb der Mindestanforderungen (z.B. Wohnen, Bildung)
substitution Ersatz, Austausch
subtenant Untermieter(in)
subtle intervention vorsichtiges, zurückhaltendes Eingreifen
sucking reflex Saugreflex
sudden infant death syndrome (SIDS) plötzlicher Kindstod
summative sheet Ergebnisbogen
summer school Ferienkurs
superego *(psych)* Über-Ich
supernormal entwicklungsmäßig über der Altersnorm liegend
supervise (v) beaufsichtigen, überwachen
supervised flats for young people betreutes Wohnen für junge Menschen
supervision Beaufsichtigung, Überwachung; **to be under ~** unter Aufsicht stehen
supervisor Anleiter(in)
supervisory responsibility Aufsichtspflicht
supplementary benefit (Brit) Sozialhilfe für allein Stehende
supplementary service zusätzliches Angebot
supplementary training Zusatzausbildung
supply teacher Vertretungslehrer(in), Aushilfslehrer(in)
support (v) (unter-)stützen, fördern
support Unterstützung
supported | accommodation, ~ living betreutes Wohnen, betreute Wohngemeinschaft, betreutes Einzelwohnen
supportive environment anregende, unterstützende Umgebung
suppress (v) unterdrücken
Sure Start (Brit) ein Programm der Regierung (seit 90er Jahre) zur

Unterstützung junger Familien in den am stärksten sozial benachteiligten Gebieten in GB

surname Nachname, Familienname

surrogate mother Leihmutter

survey Übersicht, Kurzbeschreibung, (statistische) Untersuchung, Bericht

survival skills Überlebenstechniken

suspended sentence (Brit) *(jur)* Bewährungsstrafe

sustain interest Interesse aufrechterhalten

sustainable development nachhaltige, zukunftsverträgliche Entwicklung

sustained shared thinking tiefes gemeinsames Nachdenken, *i.w.S.:* Kinder in ihren Bildungsprozessen in gemeinsamen Gesprächen unterstützen

swaddle a baby ein Baby wickeln

swing Schaukel

swingset Schaukelgestell

syllabus Lehrplan

symbolic mode symbolische Methode

symbolic representation symbolische Darstellung

sympathetic (adj) verständnisvoll, teilnahmsvoll, sympathisch, wohlgesonnen

T

table Tabelle, Schaubild

tackle (v) *(ein Problem, eine Aufgabe)* angehen, in Angriff nehmen

tactile sense Tastsinn

take into account berücksichtigen, in Betracht ziehen

take into consideration berücksichtigen

take into effect in Kraft treten

take part (v) teilnehmen

take place (v) stattfinden

take turns (v) sich abwechseln

talk Vortrag, Bericht; **to give a ~** einen Vortrag halten

talk back (v) eine freche Antwort geben; **don't ~ to me!** sei ja nicht frech!

talk over (v) etwas besprechen

tantrum schlechte Laune, Wutanfall

target group Zielgruppe

task Aufgabe

ta-ta (F) tschüs, winke winke
tax benefits steuerliche Vergünstigungen
Tax Credits (Brit) Steuererleichterungen bzw. je nach Einkommenshöhe Beihilfen oder „negative Steuern" für z.B. Familien mit Kindern, Arbeitslose oder Personen mit niedrigem Einkommen
tax exemption Steuerbefreiung
tea (Brit) Zwischenmahlzeit am Nachmittag; **high ~** (warmes) Abendessen mit Brot und Tee
teacher Erzieher(in), Lehrer (in)
teacher talk Lehrervortrag
teacher training Lehrerausbildung
teacher training college pädagogische Hochschule
teacher's aide (pädagogische) Unterrichtshilfe, Hilfslehrer/in
teacherese die Art, wie ein Lehrer mit seinen Schülern spricht
teacher-centred programme Lehrer (Erzieher-) zentriertes Programm
teaching assistant (pädagogische) Unterrichtshilfe, Hilfslehrer/in
teaching certificate Lehrbefähigung
Teaching English as a Foreign Language (TEFL) Englischer Fremdsprachenunterricht; Englisch als Fremdsprache
Teaching English as a Second Language (TESL) das Unterrichten von Englisch als zweite Sprache
Teaching English to Speakers of Other Languages (TESOL) das Unterrichten von Englisch als Fremdsprache
teaching module Unterrichtseinheit
teaching practice (Brit) Schul-, Unterrichtspraktikum
teaching profession Lehramt
teaching staff Lehrerkollegium
teaching unit Unterrichtseinheit
team building Teamfortbildung
team effort Teamarbeit
tearful weinerlich
tease s.o. (v) jmd. ärgern, aufziehen
technical college Fach(ober)schule
technical term Fachausdruck

teenage mother minderjährige Mutter
teenage pregnancy; **teen pregnancy** Teenager-Schwangerschaft
teethe (v) zahnen
teething stage Periode des Zahnens
TEFL > *Teaching English as a Foreign Language*
tell tales (v) petzen
tell off (v) jmd. tadeln
tell the facts of life to a child ein Kind aufklären
temp Zeitarbeitskraft
temper Naturell, Veranlagung
temper tantrum Wutanfall
template Schablone, Vorlage, Muster
temporary (adj) vorübergehend, zeitweise
temporary arrangement Übergangsregelung
temporary teacher Lehrer/in mit Zeitvertrag
tempting (adj) verlockend
tenant Mieter; **council ~** Mieter einer Sozialwohnung
tendency Neigung, Hang, Anlage
tenement block Wohnblock
tension Spannung, Anspannung
tension reduction Spannungsreduktion
term Semester *bzw*. Trimester (das brit. Schuljahr ist in drei **terms** unterteilt: Autumn term, Spring term, Summer term); Amtszeit; **her ~ of office is 2 years** ihre Amtsperiode beträgt 2 Jahre
term time Schulzeit, Unterrichtszeit; **...they are open until 17:30 during ~** ...während der Schulzeit sind sie bis 17.30 geöffnet
terminal illness unheilbare Krankheit
terminate (v) beenden; *(Vertrag)* aufheben
terminate a pregnancy eine Schwangerschaft abbrechen
terry nappy (Brit) Frotteewindel
tertiary | level Hochschulniveau; **~ education** Hochschulbildung; **~ sector** Dienstleistungsbereich
TESL > *Teaching English as a Second Language*
TESOL > *Teaching English to Speakers of Other Languages*
test Klassenarbeit, Test
thalidomide child "Contergankind"
theory days *etwa:* Seminartage (während eines

Praktikums), praxisbegleitender Unterricht
therapeutic (adj) therapeutisch, gesundheitsfördernd, heilend
therapeutic abortion Schwangerschaftsabbruch aus medizinischer Indikation
therapeutic community therapeutische Wohngemeinschaft
therapeutic education Heilerziehung
therapeutic support therapeutische Unterstützung
therapist Therapeut(in)
therapy Therapie, Behandlung; **behavioural ~** Verhaltenstherapie; **occupational ~** Beschäftigungstherapie
thick (adj) *(sl)* dumm; **to be ~** begriffsstutzig sein
three Rs (reading, writing, arithmetic) Lesen, Schreiben, Rechnen als Basiswissen der Grundschule
through care Begleitung, Unterstützung während der Heimerziehung
throw up (v) sich erbrechen, kotzen
thumb sucker Daumenlutscher
tick-tac-toe (US) Zeichenspiel für zwei Personen
tiddlywink flacher Spielstein für Brettspiele; **~s** Flohhüpfen
tidy up (v) aufräumen
tie-dye (v) mit Abschnürtechnik batiken
tie-dyeing Schnürbatik
time limit Frist
time off Dienstbefreiung, Freizeit
timetable Stundenplan; Fahrplan
tissue Papiertaschentuch
toddle (v) wackeln, tapsen
toddler Kleinkind, 1 - 3 J.
toddler's pool Planschbecken
toilet training Reinlichkeitserziehung
toilet-trained (adj) sauber *(bezogen auf Kinder)*
tolerance Toleranz; **~ of children** Nachsicht mit Kindern; **~ of ambiguity** Ambiguitätstoleranz
tonus Muskelspannung
tooth fairy gute Zahnfee *(die den Kindern nachts kleine Geschenke im Tausch gegen ausgefallene Milchzähne bringt)*
tootsie (F) Füßchen
topic work Projektarbeit

topical aktuell
touch Berührung, Berührungssinn, Tasten, Tastsinn
touch, being in ~ with oneself Kontakt zu sich selbst haben, sich selbst spüren
toxic (adj) giftig
toxic waste Giftmüll
toy (v) (herum)spielen; **~ with one's food** im Essen herumstochern; **~ with something** mit etwas herumspielen
toy Spielzeug; **cuddly ~** Schmusetier; **~ book** Kinderbuch; **~ car, ~ animals etc.** Spielzeug-Auto, -Tiere usw.
toy bricks Bauklötze
toyshop Spielwarengeschäft
track Weg, Schiene, Gleis; **Germany has a threetrack educational system** Deutschland hat ein dreigliedriges Schulsystem
tracking (US) *(päd)* Einteilung in Leistungsgruppen
tracksuit Trainingsanzug
trail observation Beobachtung der Bewegungsmuster in einem Raum
train (v) ausbilden, schulen
trainee Praktikant(in), Anlernling
trainee teacher Referendar (in)
traineeship Praktikum
trainer Turnschuh
training Ausbildung, Schulung; **on-the-job ~** Ausbildung am Arbeitsplatz
training allowance Ausbildungsvergütung
training college (Lehrer-) Ausbildungsstätte, Fachschule
training college for educators Fachschule / Fachakademie für Sozialpädagogik (D)
training regulations Ausbildungsordnung
training wheels (US) Stützräder
trajectory *(schema)* Flugbahn, gerade Linie; *i.w.S.* Bewegung in gerader Linie
trajectory schema das Verhaltensmuster „Bewegung in gerader Linie"
transformation Verwandlung, Umformung; **structural ~s in society** tiefgreifende gesellschaftliche Veränderungen
transient child Kind aus nicht sesshafter Familie
transition Übergang; **smooth**

~ ein weicher, konfliktfreier Übergang
translate into practice in die Praxis umsetzen
translation Übersetzung; **simultaneous ~** Simultandolmetschen
transporting schema das Verhaltensmuster des „Transportierens"
treatment Behandlung
trial and error Versuch und Irrtum
tricycle Dreirad
triplet Drilling; **a set of ~s** Drillinge
trolley Servierwagen
troublemaker Störenfried
truancy unentschuldigtes Fehlen von der Schule
truant Schulschwänzer(in); **play ~** die Schule schwänzen
tuition Unterricht
tuition fee Schulgeld, Studiengebühr
tumbling Bodenturnen
tummy (F) Bauch
tummy ache Bauchweh
tummy button Bauchnabel
tutor Nachhilfelehrer(in); Privatlehrer(in); Tutor(in) an Universität
twin Zwilling; **identical ~s** eineiige Zwillinge, **fraternal ~s** zweieiige Zwillinge

U

ultrasound Ultraschall
umbilical chord Nabelschnur
umbrella organization Dachverband
unable (adj) unfähig
unaccompanied (adj) ohne Begleitung eines/einer Erwachsenen
unaccountable (adj) nicht verantwortlich, unerklärlich
unaccustomed (adj) selten, ungewohnt
unaltered (adj) unverändert
unambiguous (adj) eindeutig, unmissverständlich
unanimity Einstimmigkeit
unanimous (adj) einstimmig
unassuming (adj) bescheiden
unattached (adj) unabhängig, ledig, ungebunden
unattended (adj) unbeaufsichtigt, allein gelassen
unauthorized (adj) unerlaubt, nicht autorisiert
unavailable (adj) nicht erreichbar, nicht verfügbar

unbearable (adj) unerträglich, nicht auszuhalten
unbiased (adj) unvoreingenommen, unbeeinflusst
unbiased observations unvoreingenommene Beobachtungen
unborn (adj) ungeboren; **protection of the ~ child** Schutz des ungeborenen Lebens
uncared for (adj) vernachlässigt
uncaring (adj) gleichgültig; **an ~ mother** eine Rabenmutter
uncertainty Ungewissheit, Unsicherheit, Zweifel
uncharacteristic (adj) ungewöhnlich
uncompromising (adj) entschieden, kompromisslos
unconditional (adj) *(psych)* nichtkonditionell, unbedingt
unconscious (adj) unbewusst, bewusstlos; **the ~** das Unbewusste, das Unterbewusste
unconstrained (adj) locker, zwanglos
uncountable (adj) unzählbar
under public law öffentlich-rechtlich
underachiever leistungsschwache/r Schüler/in
underachieving child unterbegabtes Kind
underage (adj) minderjährig
underfed (adj) unterernährt
undergraduate Student(in) *(vor dem ersten akademischen Grad)*
underpaid (adj) unterbezahlt
underpin (v) zugrunde legen, eine Basis bilden, untermauern; **it is ~ned by...** umfasst, stellt eine Grundlegung dar
underprivileged child sozial benachteiligtes Kind
understanding Verständnis (von etwas haben), Übereinkunft
undivided attention ungeteilte Aufmerksamkeit
uneasy (adj) besorgt, unangenehm, unsicher
uneducated (adj) ungebildet
unemployed (adj) arbeitslos
unemployment benefit (Brit) Arbeitslosenunterstützung
unfamiliar (adj) unvertraut, fremd
unfold (v) sich entfalten
ungraded school nicht nach Jahrgängen oder Leistungen gegliederte Schule
unicycle Einrad
unimpaired (adj) unbeeinträchtigt; **~ hearing**

ausgezeichnetes Gehör
uninhibited (adj) ungehemmt
unit Einheit, Abteilung, Wohneinheit
United Nations Educational, Scientific and Cultural Organization (UNESCO) UN-Organisation für Erziehung, Wissenschaft und Kultur
university student Student an einer Universität
unmanageable (adj) unkontrollierbar, außer Kontrolle
unobtrusively (adj) unaufdringlich, unauffällig
unpaid traineeship unbezahltes Volontariat
unprecedented (adj) beispiellos, noch nie dagewesen
unpredictable (adj) unvorhersehbar
unprepared (adj) unvorbereitet
upper secondary school-leaving examination Abitur, allg. Hochschulreife
unreliable (adj) unzuverlässig
unselfish (adj) selbstlos, uneigennützig
unskilled (adj) nicht ausgebildet, unqualifiziert
unstable behaviour labiles Verhalten
untapped educational potential Begabungsreserve
untrained (adj) ungeübt
unwanted (adj) unerwünscht, ungewollt
upbringing Erziehung (durch die Familie)
update (v) aktualisieren
upgrading Aufwertung; **~ of care professions** Aufwertung pflegerischer Berufe
uproar Lärm, Tumult
upset (adj) aufgebracht, bestürzt
urban (adj) städtisch, urban; **~ development** Stadtentwicklung**, ~ renewal** Stadtsanierung
urge starkes Verlangen, Trieb, Bedürfnis
urgent (adj) dringend, eilig
utter (v) etw. äußern
utterance Äußerung, Sprache; **a child's first ~s** die ersten Worte eines Kindes

V

vacancy Vakanz, freie Stelle *(Arbeitsplatz)*
vacation (US) (Schul-)Ferien, Urlaub

vaccinate (v) impfen; **~ against** gegen etwas impfen
vaccination Schutzimpfung
vaccine Impfstoff
vacuum | bottle, ~ flask Thermosflasche
valentine card Valentinskarte
valid (adj) berechtigt, begründet, gültig
valuable (adj) wertvoll
valuation Bewerten, Wertung
value Wert, Bedeutung; **~s** Werte; **basic ~s** Grundwerte
vandalism Zerstörungswut
variation Abweichung, Unterschied
variety Vielfalt, Verschiedenartigkeit
vast majority große Mehrheit, der überwiegende Teil
vegetarian Vegetarier; **~ diet** vegetarische Kost
Venture Scout Pfadfinder über 16 Jahre
venue Treffpunkt, Veranstaltungsort
verbal expression mündlicher, verbaler Ausdruck
verbalize (v) etwas in Worten ausdrücken; **start to ~** *(bei Kindern)* anfangen zu sprechen
vicinity Nachbarschaft
vicious circle Teufelskreis
victim Opfer
victimize (v) jemanden schikanieren, ungerecht behandeln
view of | humanity; **~ mankind** Menschenbild
vigorous (adj) energisch, kräftig
violence Gewalt, Heftigkeit; **domestic ~** Gewalt in der Familie
violence against children Gewalt gegen Kinder
violence among children Gewalt unter Kindern
violent (adj) gewalttätig, gewaltsam, brutal; **~ scene** Gewaltszene; **~ crime** Gewaltverbrechen
virtue Tugend
vision Sehen, Sehvermögen
visit Besuch; **pay a ~** jemandem einen Besuch machen
visit (v) besuchen, aufsuchen
visiting hours Besuchszeiten
visual disorder Sehstörung
visual impairment Sehschwäche
visual perception optische Wahrnehmung; visuelles Wahrnehmungsvermögen
visualize (v) sich etwas bildlich vorstellen, anschaulich machen
vital statistics

Bevölkerungsstatistik
vitality Lebenskraft, Energie, Vitalität
vivid (adj) anschaulich, lebhaft, lebendig; ~ **imagination** lebhafte Fantasie
vocabulary, passive ~ passiver Wortschatz
vocal disorder Sprechstörung
vocational (adj) beruflich
vocational counselling Berufsberatung
vocational education Berufsausbildung
vocational further training berufliche Fortbildung
vocational grammar school Fachoberschule (D)
vocational practical studies Betriebspraktikum
vocational school Berufsschule
vocational training Berufsausbildung
vocational training college for social care Berufsfachschule für Sozialwesen (D)
vocational training institution Berufsfachschule *(in D. nicht berufsqualifizierend)*
voice, breaking of the ~ Stimmbruch
voluntary (adj) freiwillig; ~ **organization** Freiwilligenorganisation
voluntary | agency, ~ organization freier Träger
voluntary bodies for youth work freie Träger der Jugendhilfe
voluntary sector die freien Träger
voluntary welfare work freie Wohlfahrtspflege
voluntary youth leader Jugendleiter
volunteer ehrenamtliche(r) Mitarbeiter(in), Freiwillige (r)
volunteer (v) sich als Freiwillige(r) melden, mitarbeiten, seine Mitarbeit anbieten
vomit (v) sich erbrechen, kotzen
voucher Gutschein
vulnerable (adj) schutzlos, angreifbar; ~ **families** leicht verletzbare Familien, bedrohte Familien *(z.B. von sozialem Abstieg)*

W

wake up (v) jemanden aufwecken; aufwachen
wakened night staff, waking (night duty) nächtlicher Bereitschaftsdienst; Nachtwache
walker Laufstuhl *(für Kinder),* Gehhilfe *(für alte od. schwache Menschen)*
wall bars Sprossenwand
wall display Plakate, Bilder oder Collagen, die an der Wand aufgehängt werden
wallow (v) in etwas schwelgen, ganz absorbiert sein
wanted child Wunschkind
ward (Stadt-)Bezirk
warden Heimleiter, Aufseher
warm supportive environment anregende, unterstützende Umgebung
waste Verschwendung, Vergeudung
waste disposal Abfallbeseitigung
waste materials Abfallmaterial
water play area Fläche mit Wasserspielen
watering can Gießkanne
waterwings Schwimmflügel
wax crayon Wachsmalstift
wax paper Wachspapier
wean a baby ein Baby abstillen
weaning Entwöhnung
wedding Hochzeit; **~ anniversary** Hochzeitstag
wee; wee-wee *(Kindersprache)* Pipi
weekly rota Wochenplan
welcome (v) jemanden begrüßen, herzlich willkommen heißen
welfare Sozialhilfe, Wohlfahrt, Fürsorge
welfare | benefits; **~ services** Sozialleistungen
welfare | officer; **~ worker** Sozialarbeiter(in)
welfare assistant (Brit) *(etwa:)* pädagogische Unterrichtshilfe (D)
welfare association Wohlfahrtsorganisation
welfare state Wohlfahrtsstaat
well behaved (adj) brav, gut erzogen
well done! gut gemacht!
well-being Wohlbefinden, Wohlergehen
Welsh Office walisisches Erziehungsministerium
wet (v) nass machen; **~ the bed** ins Bett machen; **~**

one's pants in die Hose machen
wheelbarrow Schubkarre
wheelchair Rollstuhl; **~ user** Rollstuhlfahrer
whizzkid (F) Wunderkind, kleines Genie
wholefood Vollwertkost; **~ shop** Bioladen
whooping cough Keuchhusten
wide age-range große Altersmischung
window of opportunity *(psych)* Fenster der Möglichkeiten
wishful thinking Wunschdenken
withdraw (v) sich zurückziehen
withdrawn (adj) in sich gekehrt, introvertiert, verschlossen, kontaktarm, zurückgezogen
women's refuge Frauenhaus
wooden block Holzblock, Holzbaustein; **~ area** Spielecke für Holzbausteine
word game Buchstabenspiel
work contract Arbeitsvertrag
work creation | plan, ~ scheme Arbeitsbeschaffungsmaßnahme
work experience Betriebs-, Schulpraktikum; *auch:* Berufserfahrung; **to do ~** ein Praktikum machen
work in shifts in Schichten *oder* zeitversetzt arbeiten
work permit Arbeitserlaubnis
work placement Arbeitspraktikum; **~s cover four weeks during the first year of study** im ersten Studienjahr sind vier Wochen Praktikum
work therapy Arbeitstherapie
workers (*pl*) Mitarbeiter (innen), Kollegen, Kolleginnen
workers'committee Betriebsrat
working conditions Arbeitsbedingungen
working day Arbeitstag
working with parents Arbeit mit Eltern
workload allocation Zuweisung von Arbeit
workplace Arbeitsplatz
workplace crèche Betriebskindergarten /-krippe
workplace setting Arbeitsfeld
workschool-philosophy Arbeitsschulgedanke
workshop Werkstatt; Seminar
wrap-around provision umfassende Angebote
written paper Klausur,

schriftliche Prüfung
written plans and reports schriftliche Pläne und Berichte
written test schriftliche Arbeit, Klausur

X

xenophobia Fremdenfeindlichkeit
xerox ® (v) etwas kopieren
Xerox ® Fotokopie

Y

young adulthood frühes Erwachsenenalter
young child Kleinkind
young offender jugendlicher Straffälliger
young offenders' institution Jugendstrafanstalt
young person (Brit) *(jur)* junger Mensch zwischen 14 und 17 Jahren
youth | centre, ~ club Jugendzentrum
youth and child welfare Jugendwohlfahrt
youth and community worker Sozialpädagoge / Sozialpädagogin, Jugend- und Gemeinwesenarbeiter(in)
youth association Jugendorganisation, -verband
youth custody (Brit) *(jur)* Jugendstrafe
youth custody centre (Brit) *(jur)* Jugendstrafanstalt
Youth Training (YT) (Brit) Berufsfindungsprojekt für Jugendliche ohne Arbeit, Jugendausbildungsprogramm
youth unemployment Jugendarbeitslosigkeit
youth welfare Jugendhilfe
youth work Jugendarbeit; **detached ~** mobile Jugendarbeit

Z

zap (v) *(im Fernsehen)* die Kanäle wechseln

zero tolerance null Toleranz

zone of actual development Zone der aktuellen Entwicklung

zone of proximal development Zone der nächsten Entwicklung

A

Abbild (n) image
Abendschule (f) evening school, evening classes, night school
Abenteuerpädagogik (f) adventure education
Abenteuerspielplatz (m) adventure playground
Abfall (m) waste
Abfallbeseitigung (f) waste disposal
Abfallmaterial (n) waste materials
Abgangsalter (n) *(von der Schule)* school-leaving age
Abgangszeugnis (n) (school-) leaving certificate (Brit); diploma (US)
abgelenkt (adj) distracted
abhängig (adj) dependent
abhängiges Kind dependent child
Abhängigkeit (f) dependency
abholen (v) *(jemanden)* to collect; *(mit dem Auto auch)* to pick up
Abitur (n) (D) (upper secondary) school-leaving examination / university entrance qualification; *entspricht A level in Brit, Highers in Scot);* **das ~ machen** to take one's A levels (> *fachgebundene Hochschulreife*)
Abiturzeugnis (n) (D) school-leaving certificate, high-school diploma
ablenken (v) to distract
Ablösungsprozess (m) *(psych)* detachment process
Abneigung (f) aversion, dislike
abschaffen (v) to abolish, to get rid of
Abschlussklasse (f) final-year class
Abschlussprüfung (f) final examination
Abschlusszeugnis (n) school-leaving certificate (Brit); diploma (US)
Abstammungsfamilie (f) parental family
abstillen (v) *(Baby)* to wean a baby
abstrakte Operationen *(stat)* formal operations
Abtreibung (f) abortion; **eine ~ vornehmen** to carry out an abortion, to have an abortion; **~ im fortgeschrittenen Stadium der Schwangerschaft** partial-birth abortion; > *Schwangerschaft*

Abtreibungsversuch (m) attempt at an abortion
abwechseln, sich (v) to take turns
Abwehrmechanismus (m) defence mechanism
abweichend (adj) *(soz)* deviant
abweichendes Verhalten (n) *(soz)*aberrant behaviour, deviant behaviour
Abweichung (f) *(soz)* variation, deviation
abwesend (adj) absent
Abwesende(r) (m,f) absentee
Achterbahn (f) roller-coaster
Achtung (f) (*vor jmd. haben*) esteem
adaptierte Babynahrung (f) formula
Adoleszenz (f) adolescence
adoptieren (v) to adopt
Adoptionsberatung (f) adoption counselling
Adoptionsstelle (f) adoption agency
Adoptionsvermittlung (f) adoption procedures
Adoptiveltern (pl) adoptive parents
Adoptivkind (n) adopted child
Adressenliste (f) contact list, mailing list
ADS > *Aufmerksamkeitsdefizitsyndrom*
affektive Lernziele (n,pl) affective objectives
Aggression (f) aggression
Akademie (f) *(Fachschule)* college
Akademie für Sozialpädagogik (f) training college for educators, ~ for social pedagogues
Akkulturation (f) acculturation
Akte (f) file; zu den Akten nehmen to file
Aktenführung file keeping
Aktivferien (pl) activity and adventure holiday
aktualisieren (v) to update
aktuell (adj) topical, up to date, current
Akzeleration (f) *(päd)* acceleration
Akzeptanz (f) acceptance
akzeptieren (v) to accept
Alimente (pl) > *Unterhaltszahlung für Kinder*
Alkoholmissbrauch (m) alcohol abuse
allein erziehende Eltern (pl) single parents
allein Erziehende(r) (f,m) single parent, lone parent
allein erziehende(r) Mutter (Vater) (f,m) single mother / father

allein erziehender Elternteil (m *oder* n) single parent
Allergietest (m) patch test, allergy test
Allgemeinbildung (f) general education, all-round education
allgemeine Schulpflicht (f) compulsory education
Allgemeinwissen (n) general knowledge
allseitig (adj) comprehensive
Alltag (m) daily routine, everyday life
Alltagssituation (f) real-life situation
Alltagswissen (n) common sense knowledge
Alphabetisierung (f) alphabetization, anti-illiteracy programme
Alphabetisierungskampagne (f) literacy campaign
Alptraum (m) nightmare
Altenheim (n) old people's home
Altenpflege (f) care for the elderly
Altenpflegeheim (n) home for the elderly, nursing home
Altenpfleger(in) (m,f) geriatric nurse
Altentagesstätte (f) day care centre for the elderly
Altenwohnheim (n) sheltered housing
Alter (f) age; **im ~ von 5 Jahren** at the age of 5; **Kinder im ~ von 2 – 5 Jahren** children aged 2 – 5 years
ältere Menschen (m,pl) senior citizens
altern (v) to get older
Alternativbewegung (f) alternative life style, alternative movement
altersgemäße Eingruppierung (f) grouped according to age, age-grade placement
altersgemische Angebote (n,pl) mixed-age provision
altersgemischt (adj) age-integrated
Altersgliederung (f) age distribution
Altersgrenze (f) age limit
Altersgruppe (f) age-group, age bracket; **die ~ der 0- bis 3-Jährigen** the 0- to 3 age bracket
Altersheim (n) rest home, retirement home
altersheterogene Gruppierung (f) mixed age grouping
altershomogene Gruppe (f) age appropriate group, age homogeneous group
Altersmischung (f) mixed-

age grouping, age-integrated groups for children 3 – 5 years (including schoolchildren up to 10 years)

Altersmischung, große (f) wide age-range

Alterssitz (m) retirement home

Altersspanne (f) age band

Altersspannweite (f) age-range

Altersteilzeit (f) (D) system of part-time working for people approaching retirement

altersübergreifend (adj) age-integrated

altersübergreifende Tageseinrichtung (f) extended-age centre

Altglascontainer (m) bottle bank

Altlasten (f,pl) burdens of the past

Ambiguitätstoleranz (f) tolerance of ambiguity

Ambivalenz (f) ambivalence

ambulant (adj) non-residential

ambulante Erziehungshilfen (f,pl) non-residential provision for children with problems

Amme (f) wet nurse

Ammenmärchen (n) nursery tale

Amoklauf (m) school-shooting

Amt (n) *(Behörde)* authority, department, office; *(Aufgabe)* duty, task; *(Stellung)* office, post

Amtspflegschaft (f) authority guardianship

Amtsvormund (m) local authority guardian, official guardian

Amtsvormundschaft (f) authority guardianship

anale Phase (n) anal stage

Analphabet(in) (m,f) illiterate

Analphabetentum (n) illiteracy

Anamnese (f) case history

Andragogik (f) adult education

aneignen, sich etwas ~ (v) to acquire; *(Lerninhalte)* to learn; *(Gewohnheiten)* to pick up

Aneignung (f) acquisition

anerkannt (adj) approved, established, accepted

anerkennen (v) *(akzeptieren)* to recognize; *(würdigen)* to appreciate

Anerkennung (f) appreciation, recognition; acceptance; respect; **~ durch**

Gleichaltrige peer acceptance
Anerkennungsjahr (n) probationary year, full-time work placement
anerzogen (adj) acquired
Anfangsmaterial (n) primary material
Anfangsphase (f) initial stage, initial phase
Anfrage (f) request
angeboren (adj) inborn, innate, hereditary; **angeborenes Verhalten** innate behaviour
Angebote (n,pl) *(soz-päd)* activities, provision; **~ der Kinderbetreuung** childcare provisions
Angelegenheiten (f,pl) affairs
angelernt (adj) *(Arbeiter)* semi-skilled
angelerntes Verhalten (n) *(päd)* learned behaviour
angemessen (adj) appropriate, adequate, fair
angemessene Sorge (f) proper care
angepasst (adj) conformist, adaptive
angepasstes Verhalten (n) adaptive behaviour, conformist behaviour
Angestellte(r) (f,m) employee; *(im öffentlichen Dienst)* public sector employee, civil service employee
Angestellte(r) (f,m) **auf Stundenlohnbasis** (f) hourly paid employee
angewöhnt (adj) acquired
angleichen (v) to grow closer together; *(soz) to* assimilate, to adjust
angriffslustig (adj) aggressive
Angst (f) anxiety, fear, worry; **~ haben** to be afraid (of), scared
Anlage (f) *(päd)* genetic heredity
Anlage oder Umwelt nature or nurture
Anlaufstelle (f) first contact, drop-in centre
anleiten (v) to instruct, to teach
Anleiter(in) (m,f) supervisor, instructor; *(während der praktischen Ausbildung)* guidance instructor
Anleitergespräch (n) introduction talk, supervision talk
Anleitung (f) guidance, instruction
Anleitungsgespräch (n) introduction talk, supervision talk
anmaßend (adj) self-assertive, arrogant

Anmeldeformular (n) enrolment form, registration form, entry form, application form

Anmeldegebühr (f) enrolment fee, registration fee

anmelden (v) *(sich registrieren lassen)* to register; *(vormerken)* to enrol; **ein Kind bei einer Kita ~** to enrol a child at a nursery

Anmeldung (f) enrolment

annehmen (v) *(vermuten)* to assume; *(entgegennehmen)* to accept; *(sich aneignen)* to adopt, to pick up; *(zulassen)* to accept, to take on

anpassen, sich (v) to adapt to, to conform, to adjust

Anpassung (f) adaptation, accomodation; **soziale ~** social adaptation, adjustment, conformity

Anpassungsfähigkeit (f) adaptability

Anpassungsschwierigkeit (f) *(psych)* maladjustment, difficulty in adapting

anregen (v) to stimulate

anregend (adj) stimulating; **eine anregende Umgebung** stimulating environment

anregende, unterstützende Umgebung (f) warm supportive environment

Anregung (f) stimulation

Anreiz (m) *(psych)* stimulus; incentive

Ansatz (m) *(soz, psych)* approach

anschaulich (adj) vivid

anschaulich machen (v) to visualize

Anschlussstudie (f) follow-up study

Ansprechpartner(in) (m,f) contact person

Anspruchsberechtigte(r) (f,m) person entitled to receive benefits

Anstaltsfürsorge (f) institutional care

Anstrengung (f) effort

Anteil (m) share, interest, coverage rate; **wie hoch ist der ~ der Kinder in Krippen?** what is the coverage rate for children in day nurseries?

Anthroposophie (f) anthroposophy

antiautoritäre Erziehung (f) antiauthoritarian upbringing

Antrag (m) application (form), request; *(Konferenz)* motion, **einen ~ stellen** *(Konferenz)* propose a motion; *(Verein, Behörde etc.)* make an application

Anwendung (f)

implementation

anwendungsorientierte Erziehungsforschung (f) application-oriented pedagogic research

anwesend (adj) present

Anwesenheit (f) attendance

Anwesenheitspflicht (f) compulsory attendance

Anzahl der aufgenommenen Kinder intake of children

Aprillscherz (m) April fool's trick; **jmd. in den ~ schicken** to make an April's Fool of somebody; **der erste ~** April Fool's Day; **April, April!** April fool!

Arbeit mit Eltern working with parents

Arbeitgeber (m) employer

Arbeitnehmer (m) employee

Arbeitsamt (n) employment service agency, job centre

Arbeitsauftrag (m) (work-) assignment

Arbeitsbedingungen (f,pl) working conditions

Arbeitsberater(in) (m,f) job counsellor

Arbeitsbeschaffungsmaßnahme (f) (ABM) (D) job creation scheme

Arbeitserlaubnis (f) work permit

Arbeitsfeld (n) workplace setting

Arbeitskreis (m) working party

arbeitslos (adj) unemployed

arbeitslos sein to be on the dole, to go on the dole

Arbeitslosengeld (D) unemployment benefit

Arbeitslosenhilfe (f) (D) reduced unemployment benefit

Arbeitslosenunterstützung (f) job seekers allowance, unemployment benefit

Arbeitsplan (m) assignment plan

Arbeitsplan für das Praktikum plan of practical training

Arbeitsplatz (m) job, workplace; Zufriedenheit mit dem ~ job satisfaction; > *Stelle*

Arbeitsplatzbeschreibung (f) job description, job specification

Arbeitsschulgedanke (m) workschool-philosophy

Arbeitstag (m) working day

Arbeitstherapie (f) work therapy

Arbeitsvertrag (m) contract of employment, work contract

Arbeitszeugnis (n) reference

Ärger (m) trouble, anger, irritation

ärgerlich (adj) annoyed, cross

Arzneimittelmissbrauch (m) drug abuse

Arzt, Ärztin (m,f) physician, doctor

ärztliches Attest (n) doctor's certificate, medical certificate

ASP > *Abenteuerspielplatz*

Asperger-Syndrom (n) Asperger's Syndrome

Assimilationsschemata (n) *(psych)* assimilatory schemata

Asyl (n) asylum; **~bewerber** asylum seeker; **~ beantragen** apply for asylum; **politisches ~** political asylum

Asylrecht (n) right of asylum

Attest (n) (doctor's) certificate

Aufbaugymnasium (n) (D) combined grammar school with sixth form college

Aufbaustudium (n) postgraduate studies

Aufbaustufe (f) (D) sixth form college

Aufenthaltsbestimmung (f) *(jur)* residence

Aufenthaltsbestimmungsrecht (n) *(jur)* residency; **das ~ zugesprochen bekommen** to grant a residency order in one's favour

Aufenthaltserlaubnis (f) residence permit

Aufenthaltsraum (m) recreation room, lounge

Aufgabe (f) *(Verpflichtung)* task, job; *(Übung)* exercise, homework

aufgebracht (adj) upset

aufklären (v) *(ein Kind)* to tell the facts of life to a child; *(Sexualkunde)* to give children sex education

Aufklärung (f), **sexuelle** sex instruction, sex education

aufkleben (v) to stick, to paste, to glue

Auflagen (f, pl) *(jur) (Bedingungen)* directions, conditions

aufmerksam (adj) attentive, observant

Aufmerksamkeit (f) attention, attentiveness

Aufmerksamkeitsdefizitsyndrom (n) (ADS) *(psych)* attention deficit hyperactivity disorder (ADHD), attention deficit disorder

Aufnahme (f) intake

Aufnahmefähigkeit (f) receptivity

Aufnahmeprüfung (f) entrance examination, qualifying examination
Aufnahmequote (f) intake, quota
aufpassen (v) *(pflegen)* to take care of somebody, *(beaufsichtigen)* to mind, to watch, to look after; *(Aufsicht führen)* to supervise; *(aufmerksam sein)* to pay attention, *(vorsichtig sein)* to look out
aufräumen (v) to tidy up
aufschlussreich (adj) informative, revealing
Aufseher(in) (m,f) attendant, supervisor, warden
Aufsicht (f) supervision; **unter ~ stehen** to be under supervision
Aufsichtspflicht (f) *(der Eltern)* (parental) duty of supervision; parental responsibility; supervisory responsibilities, legal responsibility to keep children properly supervised
Aufstiegschancen (f,pl) promotion prospects
aufstoßen (v) *(rülpsen)* to burp
aufsuchende Jugendarbeit (f) outreach youth work, detached youth work
Aufwertung (f) upgrading; **~ pflegerischer Kräfte** upgrading of care professionals
Aufzeichnung (f) recording
aufziehen (v) *(erziehen)* to rear, to bring up, to raise
Aula (f) hall
ausbilden (v) to train
Ausbildung (f) training
Ausbildung am Arbeitsplatz on-the-job training
Ausbildungsbeihilfe (f) training grant, education grant
Ausbildungsberater(in) (m,f) educational counsellor
Ausbildungsberuf (m) recognized trainee occupation
Ausbildungsförderung (f) education grant
Ausbildungsordnung (f) qualification requirement, training regulations
Ausbildungsplan (m) plan of practical training, plan of training objectives
Ausbildungsvergütung (f) training allowance
Ausbruch (m) *(emotionaler)* outburst, explosion; *(Flucht)* escape
Ausdauer (f) perseverance
auseinander leben (v) to grow apart
Auseinandersetzung (f)

(Streit) argument; *(Diskussion)* discussion, debate

Ausflug (m) outing, (field) trip, walk; **einen ~ machen** to go on an outing / field trip / walk

Ausführungsvorschrift (f) code of practice

Ausgaben (f,pl) expenses; **~kürzungen** (f,pl) expenditure cuts

Ausgangssprache (f) source language

Ausgebranntsein (n) burn-out

ausgeprägt (adj) distinct

ausgesetzt sein (to be) exposed

Ausgestoßene(r) (f,m) outcast

ausgewogen (adj) balanced

ausgezeichnetes Gehör (n) unimpaired hearing

ausgleichen (v) *(Mangel)* to compensate for; *(Konflikt)* to mediate, to reconcile

ausgrenzen (v) to exclude

Ausgrenzung (f) *(soz)* marginalization, exclusion

Ausgrenzung, soziale (f) social exclusion

Aushilfskraft (f) temporary worker

Aushilfslehrer (in) (m,f) supply teacher

Aushilfspersonal (n) auxiliary staff

Ausländer(in) (m,f) foreigner; *(jur)* alien

Ausländerfeindlichkeit (f) xenophobia, hostility to foreigners

ausländische(r) Arbeitnehmer(in) (m,f) migrant worker, foreign worker

Auslandsaufenthalt (m) stay abroad

Auslandspraktikum (n) work experience abroad, practicum abroad

Ausreichend (n) *(in einer Prüfung)* a pass mark; a passing grade (US); **ein „ausreichend" bekommen** to get a pass mark

Ausreißer(in) (m,f) runaway; (m) *(stat)* outlier

Ausschlag (m) *(Haut)* rash; **Nesselausschlag** nettle rash; **Windelausschlag** nappy rash; diaper rash (US)

ausschließen (v) to segregate

Ausschluss (m) exclusion

Ausschuss, ständiger (m) standing conference

Außen(spiel)bereich (m) *(im Kindergarten)* outdoor area, outside play area

Außenseiter(in) (m,f) misfit, outsider

außerfamiliäre Einflüsse

(m,pl) extrafamilial influences
außerfamiliäre Kinderbetreuung (f) extrafamilial care
außerfamiliäre Kinderbetreuung (f) non-parental child care, extrafamilial child care
Äußerung (f) utterance
aussetzen (v) *(Kind)* to abandon; **ausgesetztes Kind** abandoned child
Aussetzung (f) *(eines Kindes)* abandonment, exposure
Aussiedlerkinder (n,pl) ethnic German children
aussondern (v) to separate
Aussteiger(in) (m,f) drop-out
ausstellen (v) to display, to exhibit
Ausstellung (f) display, exhibition
Austauschprogramm (n) mobility programme
auswendig aufsagen to recite
auswerten (v) to evaluate; *(Statistiken)* to analyse
Auswertung (f) evaluation; *(Statistiken)* analysis
Auswertungsgespräch (n) evaluation
Auszeichnung (f) award, distinction
ausziehen (v) *(aus dem Elternhaus)* to leave home
Auszubildende(r) (f, m) apprentice, trainee
Autismus (m) autism
autoritärer Führungsstil (m) directive style of leadership, authoritarian leadership

B

Babybrei (m) (F) pap, baby food
Babynahrung baby food; > *adaptierte ~*
babysitten (v) to babysit
Babysprache (f) baby talk
Bafög > *Bundesausbildungsförderungsgesetz*
balgen (v) to struggle, to scramble
barischer Sinn (m), **Beurteilung des Gewichts** *(Montessori)* baric sense (judging weights)
barrierefreie Umwelt (f) barrier-free environment
barrierefreier Zugang (m) handicap accessible
Basale Pädagogik (f) basal pedagogy
Basiswissen (n) basics, basic

knowledge, fundamentals
Bastelkurs (m) handicraft class
Basteltisch (m) handicrafts table
Batik (f) batik; *(Schnürbatik)* tie-dyeing
batiken (v) to batik; *(mit Abschnürtechnik)* to tie-dye
Baubereich (m) block area, building corner
Bauch (m) stomach; tummy, belly (F)
Bauchlandung (f) pancake landing
Bauchnabel (m) navel; belly-button, tummy button (F)
Bauchschmerzen (m,pl) stomach ache, tummy-ache (F)
Bauecke (f) building corner, block area
Bäuerchen (n) (F) burp; **~ machen** to burp
Bauklötze (m, pl) toy bricks
Beachtung (f) attention, consideration; **~ schenken** to pay attention to; **~ finden** to receive attention
Beamter (m), **Beamtin** (f) civil servant
beaufsichtigen (v) to supervise, to look after
Beaufsichtigung (f) supervision
Beaufsichtigung (f) und Pflege (f) custodial care
Beaufsichtigung durch die Eltern parental control
bedeutsam (adj) *(soz)* significant; important
bedingt (adj) *(psych)* conditioned
Bedingung (f) *(Voraussetzung)* condition; *(Erfordernis)* requirement
Bedürfnis (n) need, necessity; *(Verlangen)* desire; **ein ~ erfüllen** to satisfy a need
beeinflussbar (adj) impressionable
Beeinträchtigung (f) disability; **~ des Gehörs** hearing disability; **~ des Sehens** visual disability; **~ des Sprechens** speech and language disability; language impairment
Befangenheit (f) self-consciousness, inhibition; *(Voreingenommenheit)* biased, prejudiced
befreien (v) *(von Gebühren, Pflichten)* to exempt sb. from s.th.; **jdn. von etwas ~** *(erlösen)* to free / release sb. from s.th.; *(freistellen, entschuldigen)* to excuse sb. from s.th; **sich ~** to free oneself

Befürchtung (f) fear, apprehension

Begabtenförderung (f) promotion measures for highly gifted students / children

begabtes Kind (n) gifted child

Begabung (f) talent, ability, aptitude

Begabungsreserve (f) untapped educational potential

begeistert (adj) enthusiastic; *(leidenschaftlich)* keen

begleiten (v) to accompany; to provide (individual) guidance and support

Begleiter(in) (m,f) companion, attendant

begreifen (v) to understand, to grasp

begrenzt *(psych)* restricted

Begriff (m) concept, idea

Begriffsbildung (m) concept formation

Begründung (f) reason

begrüßen (v) to welcome, to say hello to somebody

Begünstigung einer Person discrimination in favour of someone

Behandlung (f) treatment

Beharrlichkeit (f) persistence, perseverance

Behauptung (f) assertion

beherrscht (adj) restrained

behindert (adj) disabled, handicapped *(wird oft als abwertend empfunden)*, physically challenged; **behinderte Kinder** disabled children

Behinderte(r) (f,m) disabled person, physically *or* mentally challenged person, handicapped person *(s.o.)*; differently abled person (US) *(politisch korrekte Bezeichnung)*

behindertengerechte Wohnung (f) adapted housing, adapted accommodation

Behindertenwerkstatt (f) sheltered workshop

Behinderung (f) disablement, handicap *(s.o.)*, disability, impediment; **geistige ~** mental disability; **körperliche ~** physical disability; **Lernbehinderung** learning disability, learning difficulty

Behörde (f) authority, office

Behördenzentrum (n) civic centre

Beihilfe (m) allowance, subsidy, financial assistance

Beirat (m) advisory board, advisory committee

beispiellos (adj) unprecedented

Beitrag (m) contribution; *(Aufsatz)* article; **Mitgliedsbeitrag** fee

beitragsfrei (adj) free of charge

Beitragsfreiheit (f) non-contributory

beitreten (v) to join

bejahrt (adj) elderly

Bekannte(r) (f,m) friend, acquaintance

Bekenntnisschule (f) denominational school

Belästigung (f) harassment

Belohnung (f) reward; *(psych)* reinforcement

benachteiligen (v) to discriminate against

benachteiligt (adj) disadvantaged, underprivileged; *(soz)* deprived

benachteiligt, soziokulturell ~ culturally alienated

Benachteiligung einer Person discrimination against someone

benoten (v) *(Schule)* to grade s.o. (US), to mark s.o. (Brit)

beobachten (v) to observe

Beobachter(in) (m,f) observer; **teilnehmender ~** participant observer; **nicht teilnehmende(r) ~** external observer

Beobachtung (f) observation; *> teilnehmende ~; > nicht-teilnehmende ~; > gezielte ~; > Zufalls-~; > Verhaltensbeobachtung bei Kindern*

Beobachtungsbogen (m) observation sheet

Beobachtungslernen (n) observational learning

beraten (v) to advise, to give advice, to discuss, to counsel

beratend (adj) advisory

Berater(in) (m,f) advisor, adviser, counsellor

Beratung (f) advice, discussion, consultation, counselling, guidance

Beratungsdienste (m,pl) counselling services

Beratungslehrer(in) (m,f) adviser, advisory teacher

Beratungsstelle (f) advice centre

Berechtigung (f) entitlement

Bereich (m) area, field, domain

bereitstellen (v) to provide

Bereitstellung (f) (Angebot z.B. an Kita-Plätzen) provision

Bericht (m) report, record

berücksichtigen (v) to take into account

Beruf (m) job, occupation;

akademischer / freier ~ profession; handwerklicher ~ trade

beruflich (adj) vocational

berufliche Bildung (f) vocational education and training

berufliche Erwachsenenbildung (f) adult vocational education

berufliche Fortbildung (f) (vocational) further training

Berufsakademie (f) vocational academy

Berufsausbildung (f) training; *(Handwerk)* vocational training, *(akademisch)* (professional) training

Berufsaussichten (pl) job prospects

berufsbegleitende Fortbildung (f) in-service training

berufsbegleitende Weiterbildung (f) in-service training

Berufsberater/in (m,f) careers guidance counsellor, careers officer, careers adviser

Berufsberatung (f) vocational counselling, careers guidance, vocational guidance

Berufsbild (n) job outline, requirements of a profession

Berufserfahrung (f) (professional) experience, work experience

Berufsfachschule (f) (D) vocational training college (attended full-time), full-time vocational school; **~ für Sozialwesen** vocational training college for social care

Berufskolleg (n) (D) vocational college

Berufskrankheit (f) occupational disease

Berufspraktikum (n) (D) *(einjährig)* probationary year; full-time work placement, work experience

Berufsschule (f) (part-time) vocational school, technical college, further education college

Berufsschüler(in) (m,f) student at vocational school / technical college

Berufsschulpflicht (f) compulsory part-time vocational education

Berufstätigkeit von Müttern maternal employment

Berufsvorbereitungsjahr (n) pre-training course of one year

beruhigen (v) *(ruhig machen)* to pacify, to calm (down); *(beschwichtigen)* to reassure, to comfort; to chill out

(coll)

beruhigend (adj) reassuring

Berührung (f) touch, contact

beschäftigt (adj) occupied, busy

Beschäftigung (f) activity, occupation; *(Arbeit)* job, employment

Beschäftigungs- und Ausbildungsprogramm (n) employment and training programme

Beschäftigungstherapeut(in) (m,f) occupational therapist

Beschäftigungstherapie (f) occupational therapy

bescheiden (adj) unassuming, modest

Bescheidenheit (f) modesty

bescheinigen (v) to certify; to confirm; **hiermit wird bescheinigt, dass...** this is to certify that...

Bescheinigung (f) certificate, written confirmation, receipt

Beschränkungen (f,pl) restraints, restrictions, limitations

Beschulung (f) educational placement

beschützende Werkstatt (f) sheltered workshop

beschwichtigen (v) to soothe

besessen (adj) obsessed

besorgt (adj) anxious, worried, apprehensive, concerned

besprechen (v) to talk something over

Beständigkeit (adj) consistency, constancy

Bestärkung (f) reassurance, support

bestätigen (v) *(psych)* to reinforce; to confirm, to support; > *bescheinigen*

Bestätigung (f) confirmation; *(psych)* affirmation, validation

Bestehen (n) *(einer Prüfung)* passing; **Gründe für das ~ des Praktikums** reasons for passing the practical training; **Gründe für das Nichtbestehen...** reasons for not passing...

bestehen (v) *(einer Prüfung, Aufgabe)* to pass; **man kann ~ oder durchfallen** you can pass or fail

Bestrafung (f) punishment

Besuch (m) visit; **jemandem einen Besuch machen** to pay a visit to somebody; ein **~ zum Kennenlernen** familiarization visit

besuchen (v) to visit, *(eine Schule etc)* to attend

Besuchszeiten (f,pl) visiting hours

betagt (adj) aged
Beteiligung (f) *(seelische)* involvement; *(päd)* participation
Betrachtungsweise (f) *(theor. Ansatz)* approach
betreffen (v) to affect; **das betrifft mich nicht** that does not affect me
betreuen (v) to care for, to look after somebody, to take care of somebody
Betreuer(in) (m,f) care-giver, carer; *(jur)* custodian, *(soz)* case worker
betreutes Leben im Wohnumfeld community care
betreutes Wohnen (n) assisted living, supported accommodation; *(z.B. für Behinderte)* sheltered accommodation
betreutes Wohnen für junge Menschen supervised flats for young people
Betreuung (f) (child-) care; **gemeindenahe ~** community care; **frühkindliche ~** early childhood care; *(z.B. von Praktikanten)* mentoring
betriebliche Ausbildung (f) in-house training
Betriebskindergarten (m) crèche
Betriebspraktikum (n) work experience, work placement, practical placement; **ein ~ machen** to do work experience; *(in einem Wirtschaftsbetrieb)* vocational practical studies
Betriebsrat (m) workers' committee
betroffen (adj) *(etw. angehen)* concerned; *(bestürzt)* shocked
Bettnässen (n) bed-wetting; **ins Bett machen** to wet the bed
beurteilen (v) to assess
Beurteilung (f) appraisal, assessment, report, review
Bevölkerungsstatistik (f) vital statistics
bevormunden (v) to patronise, to domineer over
Bevorzugung zum Ausgleich für soziale Benachteiligung positive discrimination
Bewährungshelfer(in) (m,f) probation officer
Bewährungsstrafe (f) suspended sentence
Bewegungsspiele *(pl) (Fröbel)* Movements
Bewegungstherapie (f) therapeutic exercises, exercise therapy

Bewerbung (f) application
Bewerbungsformular (n) application form
Bewertung (f) appraisal, assessment
bewilligen (v) *(z.B. Finanzmittel)* to allocate, to grant
bewusst (adj) *(willentlich)* deliberate, intentional; *(psych)* conscious; **sich über etwas ~ werden** to become aware of, **sich etwas ~ machen** to realize; **~ leben** to live with great awareness
bewusstlos (adj) unconscious
Bewusstsein (n) awareness, consciousness
Beziehung (f) relationship, connection
Beziehungen zu jemandem herstellen to relate to someone; **sie baut leicht Beziehungen zu jungen Leuten auf** she relates well to young people
Beziehungsangst (f) relationship phobia
Bezirksamt (n) (D) local authority
Bezirksjugendamt (n) area youth office
Bezugserzieher(in) (m,f) keyworker, main carer
Bezugserzieher(in) für Kind und Eltern *(in einem Familienzentrum)* family worker
Bezugsgruppe (f) reference group
Bezugsperson (f) resource person, care-giver, attachment person; *(psych)* role model; **die wichtigste ~ des Kleinkindes** the person to whom the small child relates most closely
bezweifeln (v) to question, to doubt
Bikulturalität (f) belonging to two cultures
bikulturell (adj) bicultural
Bilderbuch (n) picture book
Bildung (f) education
Bildung, Erziehung und Betreuung *etwa:* upbringing, care and education
Bildungsansprüche (m,pl) educational aspirations
bildungsfähig (adj) receptive to teaching
Bildungsgang (m) educational career
Bildungsministerium (n) Department of Education
Bildungsniveau (n) educational level, level of education
Bildungsnotstand (m) educational misery
Bildungsprogramm (n) edu-

cational programme
Bildungsurlaub (m) educational leave
Bildungswesen (n) educational cereer
bilingual (adj) bilingual
Bilingualität (f) bilingualism
Billigung (f) approval, acceptance
Bindung (f) *(Beziehung)* relationship, commitment, attachment; *(psych)* bonding
Bindungen herstellen *(psych)* to attach, to form an attachment, to bond
Bindungsbegriff (m) the concept of attachment
Biogemüse (n) organic vegetable
biographische Methode (f) biographical method
Bioladen (m) wholefood shop
biologisch abbaubar biodegradable
biologische Vaterschaft (f) biological paternity
biologischer Anbau (m) organic farming
Blockflöte (f) recorder
Bockspringen (n) leapfrog; *(Sport)* vaulting; *(Spiel)* to play a game of leapfrog
Bodenturnen (m) tumbling, floor exercises
böse (adj) *(verägert)* angry, cross; **auf jmd. ~ sein** be angry with / at somebody, be mad with sb.
brandmarken (v) *(soz)* to stigmatize
Brauch (m) custom, tradition
Brauchtum (n) folkways
brav (adj) well behaved, good
Brennpunkt (m), **sozialer ~** socially deprived area
Brettspiel (n) board game
Brutkasten (m) *(für Babys)* incubator
Buchstabenspiel (n) word game
Bulimie (f) bulimia
Bundesfreiwilligendienst (m) (D) (BFD) year of voluntary social work
Bundesausbildungsförderungsgesetz (n) (Bafög) (D) Federal Educational Grants Act
Bundessozialhilfegesetz (n) (D) Federal Social Assistance Act
Buntstift (m) crayon, coloured pencil
Bürgerberatungsstelle (f) citizens advice bureau *(Brit)*
Bürgerinitiative (f) community action group, citizens' group
Bürgerliches Gesetzbuch (n) (BGB) (D) German Civil

Code
Bürgerrechte (n,pl) civil rights

C

Cerebralparese cerebral palsy
Chancengleichheit (f) equal opportunities; **~ für Männer und Frauen fördern** gender mainstreaming
Computerfreak (m) computaholic
Computergeneration (f) e-generation
Computerkenntnisse (f,pl) computer literacy
Contergankind (n) thalidomide child

D

Dachverband (m) umbrella organization
darstellen (v) *(symbolisieren)* to represent
Daseinsberechtigung (f) right to exist
Datenschutz (m) data protection
Daumen (m) thumb; **jemandem die Daumen drücken** to keep one's fingers crossed for someone
Daumenlutscher (m) thumb sucker
Daumen-Zeigefinger Griff *(bei Säuglingen)* pincer prehension
Defizit (n) deficit
defizitärer Blick deficit oriented view
demokratischer Führungsstil (m) democratic style of leadership
Deutsch als Fremdsprache (DaF) teaching German as a foreign language
Deutschkenntnisse (f,pl) knowledge of German
Devianz (f) *(psych)* deviation
Dezentrierung (f) decentration
dickköpfig (adj) stubborn
Didaktik (f) principles of teaching
didaktisch (adj) didactic
Dienst (m) service
Dienstbefreiung (f) time off
Dienstbesprechung (f) staff meeting

Dienstleistung (f) service
Dienstleistungsbereich (m) tertiary sector
Dienstpflichten (f,pl) official duties
Dienstplan (m) duty rota; (work) schedule
Dienstvertrag (m) > *Arbeitsvertrag*
Diffamierung (f) defamation
Differenz (f) difference
differenzieren (v) to distinguish
Diplom-Pädagoge / Pädagogin (m,f) (D) Graduate in Education
diskriminieren (v)) to discriminate against someone
Diskriminierung (f) discrimination
Diskriminierung aufgrund des Geschlechts sex discrimination
Dokumentation (f) *(als Mappe)* portfolio
Dokumentationsbogen (m) monitoring sheet
dokumentieren (v) to monitor, to demonstrate
dolmetschen (v) to interpret; **simultan ~** simultaneous interpreting
Dolmetscher(in) (m,f) interpreter
doppelte Staatsbürgerschaft (f) dual citizenship
Down-Syndrom (n) Down's Syndrome
Dozent(in) (m,f) instructor
dreigliedrig (adj) three-tier, tripartite
dreigliedriges Schulsystem (n) three-tier school-system
Dreirad (n) tricycle
Drilling (m) triplet; **Drillinge** a set of triplets
dringend (adj) urgent
Droge (f) drug
Drogenabhängigkeit (f) drug dependency
Drogenberatung (f) drug counselling
Drogenentzug (m) withdrawal treatment
Drogenmissbrauch (m) substance abuse, drug abuse
Drogensüchtige(r) (f,m) drug addict
dumm (adj) *(sl)* thick
Dummerchen (n) (F) silly billy
durchfallen (v) *(in einer Prüfung)* fail; **er ist in Englisch durchgefallen** he failed in English
durchführen (v) to carry out, to implement
Durchlässigkeit (f) *(fig)* free interchange, mobility (between schools...)

Durchschnitt (m) average; **im ~** on average; **über / unter dem ~** above / below average
Durchschnittsfamilie (f) average family
Durchsetzungsfähigkeit (f) self-assertion
Durchsetzungsvermögen (n) self-assertion, assertiveness, ability to assert oneself
Dyade (f) dyad

E

e.V. > *eingetragener Verein*
Egoismus (m) egoism
egozentrisch (adj) self-centred, egocentric
Ehe (f) marriage; **arrangierte ~** arranged marriage; **gleichgeschlechtliche ~** same-sex marriage; **~ ohne Trauschein, eheähnliche Gemeinschaft** common law marriage; **Ehestand** state of marriage
Eheberater(in) (m,f) marriage guidance counsellor
ehelich geborenes Kind legitimate child
Ehemündigkeitsalter (n) age of consent
Ehename (m) married name
Ehescheidung (f) divorce
Ehestand (m) state of marriage, matrimony
ehrenamtliche Arbeit (f) voluntary work
ehrenamtliche(r) Helfer(in) (m,f) unpaid part-time worker
ehrenamtliche(r) Mitarbeiter(in) (m,f) volunteer
Eifersucht (f) jealousy
eifrig (adj) busy, enthusiastic, eager
Eigeninitiative (f) proactive attitude, initiative of one's own
eigenständige Person (f) separate person
Eigentätigkeit (f) *(des Kindes)* self-directed activity
Eignung (f) aptitude
Eignungsprüfung (f) aptitude test
Eignungstest (m) eligibility test, ability test
Einberufung (f) conscription, call-up papers *(Brit)*
Einbildungskraft (f) imagination, fantasy
einbürgern (v) *(jur)* to naturalize
Einbürgerung (f) *(jur)*

naturalization

eindeutig (adj) unambiguous, clear

Ein-Eltern-Familie (f) one-parent-family, single parent family

Einfühlungsvermögen (n) empathy, sensitivity

Einführungsbericht (m) induction report

Einführungsgespräch (n) introductory dialogue

Einführungskurs (m) induction course

Einführungsphase (f) initial stage, initial phase, induction period

Einführungstreffen (n) introductory meeting, introductory dialogue

Einführungsveranstaltung (f) induction conference

Eingangsvoraussetzung (f) entrance qualification

eingetragener Verein (m) (e.V.) (D) registered association

eingetragene Partnerschaft (f) civil partnership (Brit); domestic partnership (US)

eingewöhnen (v) to grow into something

eingewöhnen, sich ~ (v) to settle in; jemandem helfen, sich einzugewöhnen to settle somebody in

Eingewöhnung (f) settling-in, adaptation, adjustment

Eingewöhnungszeit (f) *(päd)* settling-in time / period; adjustment period

Eingliederung (f) integration

Eingreifen (n) intervention; vorsichtiges, zurückhaltendes ~ subtle intervention; zielgerichtetes ~ focused intervention

Eingrenzung (f) *(schema)* enclosure

Einhalten (n) der Vorschriften compliance with rules

Einheit (f) unit

Einhorn (n) unicorn

Einkommen (n) income

Einmaleins-Tafel (f) multiplication table

Einmalwindel (f) disposable nappy

Einmalzahlung (f) one-off payment

Einrad (n) unicycle

einrichten (v) *(gründen)* establish, to set up; (Zimmer ausstatten) to fit out, to furnish

Einrichtung (f) *(Institution)* establishment, organization, institution; **offene ~** establishment without fixed membership; *(Wohnung)*

(fittings and) furnishings
Einsatzfigur (f) *(Montessori)* inset
Einsatzzylinder (m) *(Montessori)* cylinder inset
einschätzen (v) to assess
Einschätzung (f) *(einer Leistung)* assessment, evaluation
einschlägige Berufserfahrung (f) relevant work experience
einschränkend (adj) restrictive
Einschulung (f) enrolment at primary school, starting school; **eingeschult werden** to be sent to school; **Kinder werden mit 6 Jahren eingeschult** children start school at 6
einstellen (v) *(anstellen)* to employ, to take on; *(beenden)* to stop, to discontinue; *(sich richten nach)* to adapt oneself to somebody / something
Einstellung (f) *(Anstellung)* employment; *(Gesinnung)* attitude, **elterliche ~** parental attitude
Einstimmigkeit (f) unanimity
Einstufung (f) *(leistungsmäßige ~)* rating
Einstufungstest (m) placement test
Eintauchen (n) *(fig: Unterrichtsmethode, bei der nur in der Zielsprache gesprochen wird)* immersion
einverstanden sein to agree, to consent
Einwand (m) objection
Einwandererfamilie (f) immigrant family
Einwanderungsgesetze (n,pl) immigration laws
einwickeln (v) to envelop
Einzelarbeit (f) one-to-one work
Einzelberatung (f) individual counselling
Einzelbetreuung (f) one-to-one attention / care
Einzelfallanalyse (f) case study
Einzelfallhilfe (f) case work
Einzelgänger(in) (m,f) loner
Einzelgespräch (n) individual talk
Einzelkind (n) only child
Einzelleistung (f) individual performance
Einzelspiel (n) solitary play
Einzelunterricht (m) one-to-one lessons
Ein-Zimmer-Wohnung (f) bedsitter
Einzugs|gebiet (n), ~bereich (m) catchment area
Elementarbereich (m) foun-

dation stage, pre-school level

Elfe (f) fairy

elterliche Aufsichtspflicht (f) (parental) duty of supervision, parental responsibility, supervisory responsibilities, legal responsibility to care

elterliche Einstellung (f) parental attitude

elterliche Pflege (f) parental care, family care

elterliche Rechte (n,pl) parental rights

elterliche Sorge (f) *(jur)* parental rights and duties, parentage

elterliche Zustimmung (f) parental consent

elterliches Verhalten (n) parenting

Eltern (pl) parents; **von den ~ betrieben** *(z.B. Kindergarten)* parent-run

Eltern..., elterlich (adj) parental

Elternabend (m) parents'meeting

Elternarbeit (f) working with parents

Elternbeirat (m) parents'council

Elternbeiträge (m,pl) *(finanziell)* parental contributions

Elternberatung (f) parent counseling

Elternbeteiligung (f) parent participation; parental involvement

Elternhaus (n) parental home

Elterninitiative (f) parents' action group

Eltern-Initiativ-Kindertagesstätte (f) (ElKita) (D) parent-managed children's centre

Eltern-Kind-Beziehung (f) parent-child-relation

elternlos (adj) parentless

Elternschaft (f) parenthood

Elternteil (m) parent

Elternvertretung (n) parents'council

emotionale Bindung (f) emotional bonding, emotional dependency

Empathie (f) empathy

Empfang (m) *(Sekretariat)* front office

Empfängnisverhütung (f) contraception

Empfehlung (f) recommendation

Empfindsamkeit (f) sensitivity

Empfindungsvermögen (n) sensory perception, faculty of sensation

empirisch (adj) empirical, experiential
energisch (adj) vigorous, energetic
Engagement (n) *(sich einsetzen)* commitment; **soziales ~** community involvement
engagieren, sich ~ (v) to become involved in; to be committed to sth.
engagiert sein to be involved in; to be committed
Engagiertheit (f) *(päd)* involvement, committment
Engpass (m) shortage
Enkel(in) (m,f) grandchild; grandson, granddaughter
Entbehrung (f) deprivation
entbinden (v) to deliver, to give birth
Entbindungsklinik (f) maternity clinic, nursing home
entdeckendes Lernen active discovery learning
Entfaltung (f) self-realization, self-enrichment
entfremdet (adj) alienated; **sich der Gesellschaft ~ fühlen** to feel alienated from society
Entfremdung (f) alienation
Entlassung von Personal redundancy; **finanzielle Abfindung bei Entlassungen** redundancy payment
entlausen (v) to disinfest
Entlausung (f) delousing
entschlossen (adj) determined
Entschlossenheit (f) determination
Entschuldigungsschreiben (n) letter of excuse
entsetzlich (adj) appalling, dreadful
Entspannung (f) relaxation
Entwicklung (f) development, evolution, progress; **sich in der ~ befinden** to be in the development stage; **~ der kreativen Fähigkeiten** creative development; **geistige ~** mental development, **~ fördern** to promote development
Entwicklungsalter (n) developmental stage
Entwicklungsaufgaben (f,pl) developmental tasks
Entwicklungsfortschritt (m) developmental progress
Entwicklungsgespräch (n) development report
entwicklungsgestört (adj) retarded
Entwicklungslinie (f) developmental line, **mögliche Entwicklungslinien** possible lines of development (PLOD)

entwicklungsmäßig angemessen developmentally appropriate
Entwicklungsordner (m) development file
Entwicklungspsychologie (f) developmental psychology
Entwicklungsstörung (f) developmental disorder
Entwicklungsstrang (m) strand of development
Entwicklungsstufe (f) developmental level, developmental stage, level of development
Entwicklungsverzögerung (f) developmental delay
Entwöhnung (f) *(Baby)* weaning
Entwurf (m) concept, draft
Entziehungsanstalt (f) drug rehabilitation centre
Entziehungskur (f) withdrawal therapy
Entzugserscheinungen (f,pl) (drug) withdrawal symptoms
Entzündung (f) inflammation
erblich (adj) hereditary
erbrechen (v) to throw up, to vomit
erfahren (adj) practiced, experienced
Erfahrung (f) experience, **~en machen** to learn by experience; **in ~ bringen** to discover
Erfahrungsfeld (n) experiential arena
Erfahrungslernen (n) operational learning
erfahrungsorientierter Ansatz (m) experiential approach
Erfahrungstatsache (f) fact of experience
erfassen (v) *(begreifen)* to grasp
Erfolgserlebnis (n) sense of achievement
Erfolgskontrolle (f) follow-up control
ergänzend (adj) complementary; **familienergänzende Einrichtung** an establishment complementary to life at home
Ergebnisbogen (m) summative sheet
erholen (v) to recover
Erholung (f) recreation
Erholungsreisen für Kinder und Jugendliche holiday schemes for children and young people
Erkältung (f) cold; **eine ~ haben** to be ill with a cold
Erkenntnis (f) cognition, understanding

Erklärung (f) explanation
Erkundung (f) *(im Sinne e-r Exkursion)* exploratory trip
Erlass (n) circular
Erlebnisgesellschaft (f) adventure society
Erlebnispädagogik (f) outdoor education, adventure pursuits, outdoor pursuits
Ernährung (f) diet, nutrition; **vegetarische ~** vegetarian diet
Errungenschaft (f) achievement
Erstausbildung (f) initial training; **berufliche ~** initial vocational training
erste Fremdsprache (f) second language
erste Klasse in der Grundschule infant class, reception class
Erstleselehrgang (m) initial reading scheme
Erstspracherwerb (m) first language acquisition
Ersttäter(in) (m,f) *(Straftäter)* first offender
erwachsen (adj) adult, grown up, mature
erwachsen werden (v) to grow up, mature
Erwachsene(r) (f,m) adult, grown-up
Erwachsenenalter (n) adulthood
Erwachsenenalter, frühes (n) young adulthood
Erwachsenenbildung (f) adult education
Erwachsenenbildung (f), **berufliche** adult vocational education
erwerben (v) to acquire, *(Ansehen etc.)* to earn
erworben (adj) acquired
erworbene Rolle (f) achieved role
erziehen (v) to educate, to bring up
Erzieher(in) (m,f) (D) *(Ausbildung an Fachschule oder Fachakademie)* early childhood teacher, youth and child care worker, early childhood educator, (nursery school-) teacher, kindergarten teacher, family worker, social pedagogue, educator; nursery worker; (eine englische Übersetzung des deutschen Begriffs ist schwierig, da das Berufsfeld der/des deutschen Erzieherin / Erziehers unterschiedliche Ausbildungsberufe in anderen Ländern umfasst); (Brit): teacher (nursery and primary education bzw. preschool and primary edu-

cation bzw. primary and secondary education); meist 4 Jahre Ausbildung auf Hochschulniveau, Abschluss BEd. (Bachelor of Education) *oder* PGCE (Postgraduate Certificate in Education) *mit mittlerem Schulabschluss:* nursery nurse, nursery worker, nursery assistant; (Brit:) 2-jährige Ausbildung für die Altersgruppe 0 – 5 Jahre, arbeitet als Hilfskraft (auxiliary worker) in der nursery school, nursery class, reception class, als Gruppenerzieherin im family centre oder local authority nursery, im Privathaushalt als nanny. Ausbildung: 2-jährig, National Nursery Examination Board (NNEB) *(veraltet) oder* Council for Awards in Children's Care and Education (CACHE) *oder* National Diploma in Caring Services (BTEC)

Erzieher(in) (m,f), **staatlich anerkannte(r) ~** (D) qualified educator; social pedagogue, certified educator

Erzieher-Schlüssel (m) child-teacher-ratio

erzieherisch (adj) educational, educative

erzieherzentriertes Programm (n) teacher-centred programme

Erziehung (f) education, upbringing, teaching; **gute ~** manners

Erziehung (f), gefühlsbetonte affective education

Erziehungsberatung (f) child guidance, educational counselling

Erziehungsberatungsstelle (f) *(mit Therapie)* child guidance clinic / centre

erziehungsberechtigt (adj) acting as legal guardian

Erziehungsberechtigte(r) (f,m) legal guardian; **Unterschrift des / der Erziehungsberechtigten** signature of parent or legal guardian

Erziehungsgeld (n) (D) *(Geldleistung während der Elternzeit)* child benefit, child care allowance, child raising allowance

Erziehungsheim (n) community home

Erziehungshilfen (f,pl) socio-educational provision for children with problems

Erziehungsmaßnahmen (f,pl) educational measures

Erziehungsmaßregeln *(jur)*

educational court orders
Erziehungsmittel (n,pl) educational methods, corrective measures
Erziehungspartnerschaft (f) parental partnership
Erziehungssoziologie (f) sociology of education
Erziehungsstil (m) way of education
Erziehungsurlaub (m) child care leave, child raising leave, paid leave for new parent
Erziehungsurlaub für Väter paternity leave
Erziehungswissenschaft (f) educational studies
Erziehungswissenschaftler(in) (m,f) educationalist
Es (n) *(psych)* id
Essen auf Rädern meals on wheels
Essensvorschriften (f,pl) dietary requirements
Essstörung (f) eating disorder
ethnische Minderheit (f) ethnic minority, racial minority
Etikettierungsansatz (m) *(soz)* labelling approach
Europäische Union (EU) (f) European Union (EU)
Europäisches Abitur (m) European Baccalaureate
Examen (n) (final) exam(ination); **mündliches ~** oral examination; **schriftliches ~** written examination; **das ~ bestehen** to pass one's finals; **durch das ~ fallen** to fail one's finals; **das ~ machen** to take one's finals
Examensangst (f) pre-exam anxiety; **unter ~ leiden** to suffer from pre-exam anxiety
exhibitionistische Handlungen (f,pl) indecent exposure
Exkursion (f) field trip, study trip

F

Fachabitur > *fachgebundene Hochschulreife*
Fachakademie für Sozialpädagogik (f) (D) training college for educators
Facharbeit (f) assignment, research paper, thesis
Facharbeiter(in) (m,f) skilled worker
Fachausdruck (m) technical term, specialist term

Fachberater(in) (m,f) *(päd)* educational advisor

Fachbereichsleiter(in) (m,f) head of department

fachgebundene Hochschulreife (f) (D) subject-tied university entrance qualification (may be taken at a Berufsoberschule)

Fachhochschule (f) (D) university of applied sciences, technical college for higher education, polytechnic, advanced technical college, technical university

Fachhochschulreife (f) entrance qualification for > *Fachhochschule*

Fachleiter(in) (m,f) course supervisor

Fachoberschule (f) (D) vocational grammar school, vocational college; **~ für Gesundheit und Soziales** advanced technical college for social care

Fachschule (f) training college; **~ für Sozialpädagogik** (D) training college for educators, college for social pedagogy, college for social education

Fachsprache (f) technical language

Fachtheorie (f) subject theory

fachübergreifendes Lernen (n) cross-disciplinary learning

Fachunterricht (m) subject lesson

Fähigkeit (f) ability, capability, aptitude, faculty

Fahrplan (m) timetable

Fahrrad (n) bicycle, bike, pushbike (F)

Fahrtkosten (pl) travel expenses

fakultativ (adj) optional

Fall (m) case

Fallbericht (m) case report

Fallbesprechung (f) discussion of the case (report)

Fallstudie (f) case study

Familie (f) family; **eine vierköpfige ~** a family of four; **eine ~ gründen** to start a family; **zur ~ gehören** to be family; **praktisch zur ~ gehören** to be like one of the family; **vaterlose ~** fatherless family

Familie mit einem Kind single child family

Familie mit geringem Einkommen low-income family

Familienausflug (m) family outing

familienbegleitende

Erziehungshilfen (f,pl) socio-educational support provided to complement the family

Familienberatung (f) family counselling

Familienberatungsstelle (f) family advice centre

Familienbindung (f) family ties

familienergänzende Einrichtung (f) an establishment complementary to life at home

familienergänzende Erziehungshilfen (f,pl) socio-educational support provided to supplement the family

familienersetzende Erziehungshilfen (f,pl) socio-educational support provided to replace the family

Familienfürsorge (f) family welfare work

Familienhelfer(in) (m,f) family aide

Familienleben (n) domestic life, family life

Familienname (m) surname, last name, family name

familienorientierte Politik (f) family-oriented policy

Familienstand (m) marital status

Familienstruktur (f) the pattern of family life

Familientagespflege (f) family daycare

Familientreffen (n) family reunion

Familienunterbringung (f) family placement

familienunterstützende Maßnahmen (f,pl) family support measures

Familienzeit (f) (D) parental leave

Familienzentrum (n) family centre

Familienzusammenführung (f) family reunion

Fantasieren (n) imagining

fangen spielen to play tag

Farbensinn (m) perception of colour

Farbtäfelchen (n) *(Montessori)* colour tablet

Fastnachtsdienstag (m) Pancake Day (Brit)

fasziniert (adj) intrigued

Fee (f) fairy

Fehlanpassung (f) maladaptation

Fehlen (n) *(Schule etc.)* absence *(unentschuldigt)* truancy, absence without leave

Fehlentwicklung (f) maldevelopment

Fehlgeburt (f) abortion, miscarriage
feiern (v) celebrate
Feiertage (m,pl) holidays
Feinmotorik (f) fine motor skills, small muscle skills
feinmotorische Entwicklung (f) fine motor development
Fenster der Möglichkeiten *(psych)* window of opportunity
Ferien (pl) holidays (Brit), vacation (US) , **seine ~ in ... verbringen** to spend one's holidays in ...
Ferienkurs (m) summer school
Fernbleiben (n) absence; **unerlaubtes** ~ absence without leave
Fernsinne (m, *meist* pl) far senses
Fernunterricht (m) distance learning
Fertigkeit (f) skill, competence, craft
feste Nahrung (f) solid food
festhalten (v) *(sich)* to hold on, *(etwas ergreifen)* to grab
Feststellung (f) statement
Feuerschutzübung (f) fire drill
Filzschreiber (m) felt-tip pen; *(dicker ~)* marker pen
Finanzierung (f) funding
Finanzierungsprobleme funding problems
Findelhaus (n) foundling hospital
Findelkind (n) foundling
Finger (m) finger; **Zeige-, Mittel-, Ring-, kleiner** first (*or* index-) finger, second, third, fourth (*or* little) finger; **kleiner ~** auch pinkie, pinky (US)
Fingerfarbe (f) fingerpaint; **mit ~ malen** to fingerpaint
Fingerpuppe (f) finger puppet
Fingerspitze (f) fingertip
Fläschchen (n) *(für Babys)* feeding bottle
Flaschenbürste (f) bottle brush
Flaschenkind (n) bottle-fed child; **mit der Flasche füttern** to bottle feed
Flaschenwärmer (m) bottle heater
Flüchtling (m) refugee
fordern (v) to challenge
Förder... remedial
Förderunterricht (m) remedial education, remedial lessons
Förderangebote (n,pl) *(für benachteiligte Kinder)* compensatory education
Förderdiagnostik (f) educa-

tional diagnostics
Förderlehrer(in) (m,f) teaching assistant, teacher's aide, learning support teacher
Fördermaßnahmen (f,pl) measures for support and advancement
fördern (v) *(unterstützen)* to support, *(voranbringen)* to advance, *(ermutigen)* to encourage, *(steigern)* to promote, to boost
fordern und fördern to challenge and support
Förderung (f) *(päd)* support, advancement, encouragement, promotion; *(finanziell)* grant-aid
Förderungsantrag application for grant-aid
Förderzentrum (n) support centre
formbare Materialien (n,pl) malleable materials
forschendes Handeln (n) exploratory experiences
forschende Haltung (f) research-orinted behaviour, inquisitive attitude
Forschung (f) **und Entwicklung** (f) research and development
Forschungsabteilung (f) research department
fortbilden (v) to take further education courses, to go on further education courses
Fortbildung (f) further education, further training, advanced training, in-service training
Fortbildung für Mitarbeiter einer Einrichtung staff training
Fortbildungskonzept (n) further education programme
Fortbildungskurs (m) (further) training course, evening classes
Fortbildungsveranstaltung (f) further education course, further training course
FOS > *Fachoberschule*
Fotokopie (f) photocopy, Xerox®
fotokopieren (v) to photocopy, to xerox
Fötus (m) foetus (Brit); fetus (US)
Fragebogen (m) *(soz)* inventory; questionnaire
Frauenbildung (f) female education
Frauenhaus (n) battered wives‘ shelter, house for battered women, women's refuge
frech (adj) cheeky
Freiarbeit (f) free work, self determined activities

freiberuflich (adj) freelance
freie Stelle (f) *(Arbeitsplatz)* vacancy
freie Träger (m,pl) private agencies, voluntary bodies
freie Träger der Jugendhilfe (pl) voluntary bodies for youth work
freie Verbände (m,pl) private associations
freie Wohlfahrtspflege (f) voluntary welfare work
freie(r) Mitarbeiter(in) freelancer
Freier Träger (m) voluntary agency, voluntary organization; **die Freien Träger** the voluntary sector
Freigelände (n) *(im Kindergarten)* outdoor area, outside play area
Freiheitsstrafe (f) *(für Jugendliche)* detention
Freispiel (n) free play
Freistellung (f) leave of absence
freiwillig (adj) voluntary
Freiwillige(r) (f,m) volunteer
Freiwilligendienste (m,pl) voluntary services, volunteering
Freiwilliges Soziales Jahr (n) (FSJ) (D) voluntary social year, year of voluntary work and community service
Freizeit (f) leisure time
Freizeitangebot (n) leisure provision
Freizeitbeschäftigung (f) leisure activities, pastime,
Freizeiteinrichtungen (f,pl) recreational facilities
Freizeiterziehung (f) education of leisure
Freizeitgelände (n) recreation ground
Freizeitgesellschaft (f) leisure society
Freizeitpädagogik (f) education of leisure
Freizeitzentrum (n) amenity centre, leisure centre, leisure complex
freizügige Gesellschaft (f) permissive society
Freizügigkeit (f) permissiveness
fremd (adj) alien, strange
Fremdeln (n) stranger anxiety, shyness with strangers
fremdeln (v), sie fremdelt: she's got stranger anxiety
Fremdenfeindlichkeit (f) xenophobia
Fremdsprachen lernen second language learning
Fremdsprachenerwerb (m) foreign language acquisition
Fremdunterbringung (f)

(von Kindern) boarding out, residential child care

Freudsche Fehlleistung (f) Freudian slip

Friedenserziehung (f) peace education

Frist (f) time limit

Frontalunterricht (m) chalk and talk, direct teaching, whole-class teaching

Frotteewindel (f) terry nappy (Brit)

Fruchtbarkeit (f) fertility

Fruchtbarkeitsklinik (f) (in)fertility clinic

Frühchen (n) premature baby; preemie (US)

Frühdienst (f), **~schicht** (f) early shift

Frühförderung (f) early childhood special education

Frühgeburt (f) *(Vorgang)* premature birth; *(Kind)* premature baby; **sie hatte eine ~** she gave birth prematurely

frühkindliche Entwicklung (f) early childhood development

Frühpädagogik (f) early years education

frühreif (adj) premature

FSJ > *Freiwilliges Soziales Jahr*

Führungszeugnis (n) certificate of (good) conduct

Fülle (f) affluence

Funktionsraum (m) functional room

Fünfling (m) quintuplet

Fürsorge (f) *(Betreuung)* care, *(Amt)* welfare services

Fürsorgepflicht (f) duty to give assistance

Fürsorger(in) (m,f) carer

Füßchen (n) tootsie

füttern (v) to feed

G

ganzheitlich (adj) holistic

ganzheitlicher Ansatz holistic approach

ganzheitliche Pädagogik holistic pedagogics

ganztags (adj) full-time; **sie arbeitet ~** she works full-time

Ganztagsbetreuung (f) full-time care

Ganztagseinrichtung (f) all-day institution

Ganztagsschule (f) all-day school

Ganztags-Schulwesen (n) full-day schooling

Ganztagsstellung (f) fulltime job
Garderobenraum (m) cloakroom
Gastfamilie (f) host family
Gastfreundschaft (f) hospitality
Gastgeber(in) (m,f) host
Gebärdensprache (f) *(für Gehörlose)* finger spelling, sign language, manual alphabet
gebären (v) to give birth (to); **geboren werden** (v) to be born
gebildet (adj) educated
geborene(r)... née
Gebühr (f) fee
Geburt (f) birth, childbirth; **natürliche / sanfte ~** natural childbirth; **von ~ an** from *or* since birth
Geburten|regelung (f), **~ beschränkung** (f) birth control
Geburtenanstieg (m) rise in the birth rate
Geburtenrate (f) fertility rate
Geburtenrückgang (m) decline in the birth rate
Geburtenziffer (f) birth rate, natality
Geburts... *(in Zusammensetzungen)* natal
Geburtsfehler (m) congenital defect
Geburtshilfe (f) midwifery
Geburtsklinik (f) maternity hospital
Geburtsschaden (m) birth injury
Geburtstermin (m) due date
Geburtsurkunde (f) birth certificate
Geburtsvorbereitung (f) prenatal care, ante-natal preparation
Geburtsvorgang (m) natal period; **während des Geburtsvorganges** perinatal
Geburtswehen (f,pl) to be in labour, labour pains; > *Wehen*
Geburtszimmer (n) birthing room
Gedächtnisverlust (m) amnesia
gedemütigt (adj) humiliated
gefährdete Person (f) person at risk
gefühlsbetonte Erziehung (f) affective education
gegenseitige Anerkennung nationaler Berufsabschlüsse mutual recognition of national professional qualifications
Gegenstand (m) object, *(fig)* item
Gegenstände (m,pl) *(bearbeitete)* artifacts

gegenüberstellen (v) *(fig)* to contrast sth. with sth.
gegenwärtig (adj) currently
gehemmt (adj) *(psych)* inhibited
Gehirnerschütterung (f) concussion (of the brain)
Gehör (n) hearing sense, hearing
gehorchen (v) to obey
gehörlos (adj) deaf
Gehörlose(r) (f,m) deaf person
gehorsam (adj) obedient
geistesabwesend (adj) absent-minded
Geisteskräfte (f,pl) mental faculties
geisteskrank (adj) insane
Geisteswissenschaften (f,pl) humanities
geisteswissenschaftliche Fächer *(in Oberschule und Hochschule)* arts and humanities
geistig behinderte Person (f) mentally handicapped person
geistige Arbeit (f) intellectual work
geistige Behinderung (f) mental retardation, mental handicap
geistige Entwicklung (f) mental development
Gelbsucht (f) jaundice
Geldleistung (f) cash benefit
Geldstrafe (f) fine
Gelegenheitsarbeit (f) casual labour, odd job
Gemeinderat (m) local council
Gemeindezentrum (n) community centre
gemeinnützig (adj) charitable; non-profit making
gemeinnützige Arbeit (f) community service
gemeinnützige Einrichtung (eingetragene) (f) (registered) charity
gemeinnützige Organisation (f) non-profit organization
Gemeinnützigkeit (f) non-profit status
gemeinsames Sorgerecht (n) joint custody
Gemeinschaftseinrichtung (f) community centre
Gemeinschaftskunde (f) social studies, civic education
Gemeinschaftsschule (f) (D) integrated school (from primary school to the > *Abitur*)
Gemeinschaftswohnung (f), **in einer ~ wohnen** to share a flat
Gemeinwesen (n) community

Gemeinwesenarbeit (f) community work
Gemeinwesenarbeiter(in) (m,f) youth and community worker
Gemeinwesenorientierung (f) community orientation
Genehmigung (f) authorization, approval, licence
Generationsunterschied (m) generation gap
Generationszyklus (m) generational cycle
Genesung (f) recovery
Genesungsurlaub sick leave
genitale Phase (f) genital stage
Genossenschaft (f) cooperative (society)
gerecht (adj) fair, just, even-handed; **sie behandelt alle Kinder ~** she is fair / even-handed with all the children
Gesamtelternvertretung (f) parents' council
Gesamthochschule (f) comprehensive university
Gesamtschule (f) comprehensive school
Gesamtschule mit Oberstufe (f) all-through comprehensive school
Gesamtzahl (f) overall number
Geschäftsfähigkeit (f) legal capacity
gescheit (adj) bright; **ein ~es Kind** a bright child
Geschicklichkeitsspiel (n) game of skill
Geschiedene(r) (f,m) divorcee
Geschlecht (n) *(biologisches)* sex; *(soziales und grammatisches)* gender
Geschlechtertrennung (f) *(Schule)* segregation of sexes
Geschlechtserziehung (f) sex education
Geschlechtsidentität (f) gender identity
Geschlechtsrollenklischee (n) gender stereotypes
geschlossene Abteilung (f) secure unit
geschlossene Einrichtung (f) secure establishment
Geschmackssinn (m) sense of taste, taste
Geschwister (pl) siblings, brothers and sisters
Geschwister-Rivalität (f) sibling rivalry
gesellig (adj) sociable
Gesellschaft (f) society; **multikulturelle ~** multicultural society
gesellschaftlich (adj) socially, societal

gesellschaftliches Ereignis (n) social event
Gesellschafts-, gesellschaftlich social
Gesellschaftswissenschaften (f,pl) social sciences, social studies
gesetzlich (adj) statutory
gesetzliche Verpflichtung (f) legal obligation
gesetzlicher Feiertag (m) public holiday
gesetzliches Einschulungsalter (n) compulsory school age, statutory school age
Gesichtsausdruck (m) facial expression
Gesprächsführung (f) communication techniques, communication strategies, client-centred counselling, person-centred counselling
Gesprächstechnik (f) communication techniques
Gesten (f,pl) gestures
Gesundheitsamt (n) health authority
Gesundheitsamt- Mitarbeiter(in) (m,f) health visitor
Gesundheitsberatung (f) health guidance
Gesundheitserziehung (f) health education
Gesundheitsfürsorge (f) health care
Gesundheitslehre (f) health education
Gesundheitszeugnis (n) health certificate
Gewalt (f) *(Gewalttätigkeit)* violence; *(gewaltsames Vorgehen)* force; *(Macht)* power; **~ in der Familie** domestic violence
Gewalt gegen Kinder violence against children
Gewalt unter Kindern violence among children
Gewaltanwendung (f) use of violence
gewaltsam (adj) violent
Gewaltszene (f) violent scene
gewalttätig (adj) violent
Gewaltverbrechen (n) violent crime
geweckt werden von to be awakened by
Gewichtsbrettchen (n) *(Montessori)* baric sense tablet
Gewissen (n) conscience
gewöhnen (v)**, sich an etwas ~** to adapt, to become used to something
gezielte Beobachtung (f) specific observation
giftig (adj) poisonous, toxic
Giftmüll (m) toxic waste
Gitterbett (n) crib
Gleichaltrige(r) (f,m) peer; **Anerkennung durch**

Gleichaltrige peer acceptance; **Kontakt mit Gleichaltrigen** peer interaction
Gleichaltrigengruppe, informelle (f) peer group
Gleichbehandlung (f) equal treatment, non-discrimination
gleichberechtigt (adj) equal, to have equal rights
Gleichberechtigung (f) equality (of rights), equal rights
Gleichberechtigung der Frau equal rights for women
Gleiche (pl) *(soz)* peers
gleichgeschlechtliche Ehe (f) same-sex union
Gleichheitsgrundsatz (m) equal protection clause
Graduiertenstudium (n) postgraduate studies
Greifalter (n) *(in der Säuglingsentwicklung)* manipulative stage
greifen (v) to grasp
Greifreflex (m) *(bei Babys)* grasp(ing) reflex
Grenzen (f,pl) boundaries
Grenzen setzen to set limits
Grenzfall (m) *(psych)* borderline case
grobe Fahrlässigkeit (f) gross negligence
Grobmotorik motor skills; large muscle skills; **Training zur Entwicklung der Grobmotorik** physical education
grobmotorische Entwicklung (f) gross motor development
Großfamilie (f) extended family
Grund- und Leistungskurse (pl) basic and extension courses
Grundannahmen (f,pl) basic assumptions
Grundausbildung (f) basic training
Grundbedürfnisse (n,pl) bare necessities, basic needs
gründen (v) to found *(past tense: founded, p.p.: founded)*
Grundfähigkeiten, ~ fertigkeiten (f,pl) basic skills, fundamental skills
Grundgedanke (m) key note
Grundidee (f) basic belief
Grundlagenwissen (n) grounding
grundlegend (adj) basic, fundamental
Grundmisstrauen (n) basic mistrust
Grundprinzipen (n,pl) basic

principles

Grundschulbildung (f), **~ erziehung** (f) elementary education, primary education

Grundschule (f) primary school *(5. – 11. Lebensjahr)* (Brit); elementary school, grade school (US)

Grundschullehrer(in) (m,f) primary teacher, infant teacher (*eigentlicher Titel in Brit:* teacher (nursery and primary education *bzw*. preschool and primary education *bzw*. primary and secondary education); meist 4 Jahre Ausbildung auf Hochschulniveau, Abschluss BEd. (Bachelor of Education) *oder* PGCE (Postgraduate Certificate in Education))

Grundüberzeugung (f) basic belief

Grundvoraussetzung (f) basic requirement

Grundwerte (m,pl) basic values

Grundwissen (n) core knowledge, basic knowledge

Gruppenstärke (f) *(z.B. in der Kita)* child-teacher ratio

Gruppe von Gleichaltrigen (pl) peer group

Gruppenberatung (f) group counselling

Gruppenbetreuer(in) (m,f) group escort

Gruppendynamik (f) group dynamics

Gruppenerzieher(in) (m,f) group leader, main carer

Gruppengespräch (n) group discussion

Gruppengröße (f) group size

Gruppenkreis (m) group circle time

Gruppenleiter(in) (m,f) play leader

Gruppenpädagogik (f) group pedagogics

gruppenübergreifende Arbeit (f) open plan work

Gruppenzeit (f) sharing time

gültig (adj) valid

gut erzogen (adj) well behaved

gut gemacht! well done! good job!

Gutachter (m) consultant

Gutachterkommission (f) advisory board, advisory committee

Gutenachtgeschichte (f) bedtime story

Gutmensch (m) do-gooder

Gutschein (m) voucher

Gymnasium (n) (D) grammar school (Brit); high school

(US)

H

Halbschwester (f) half sister
Halbtags... part-time
Hallenschwimmbad (n) indoor pool
Hallensport (m) indoor sport
Halsschmerzen (m,pl) sore throat
Halt (m) **geben** holding; **der Begriff des Halt-Gebens** the concept of holding
Hampelmann (m) jumping jack
Handarbeit (f) handicraft, needle work
Händeklatschen (n) clapping hands; **Spiel mit ~** clapping game
Handeln (f) *(päd)* being active
Handgeschicklichkeit (f) manual skills
Handlungsforschung (f) action research
Handlungskompetenz (f) performance skills
Handlungsmuster (n) action pattern, schema
Handlungsorientierung (f) hands-on approach, task-based approach
Handmotorik beim ersten Greifen des Säuglings prehensory behaviour
Handpuppe (f) glove puppet
Handzettel (m) leaflet
Hansdampf (m) jack-of-all-trades
Häufigkeit (f) frequency
hauptamtliche(r) Mitarbeiter(in) (m,f) full-time worker, full-timer
hauptberuflich (adj) full-time
Hauptschulabschluss (m) (D) *etwa* > *GCSE* (Brit)
Hauptschule (f) (D) *etwa* secondary modern school (Brit); junior high school (US)
Hausarbeit (f) housework
Hausarzt (m), **Hausärztin** (f) family doctor, general practitioner (GP) (Brit)
Hausaufgaben (f,pl) homework
Hausfrau (f) housewife; *(Hausmütterchen)* homemaker
Hausgeburt (f) home birth
Haushalt (m) **führen** keep house
häuslich (adj) domestic
häusliche Angelegenheiten

domestic affairs
häuslicher Kinderbetreuungsdienst (m) in-home childcare service
Hausmann (m) house husband
Hauspflegedienst für Behinderte home help service
Hauspfleger(in) (m,f) home help
Hausstand (m) **gründen** to set up house
Hauswirtschaftslehre (f) domestic science, domestic economy, home economics
Hautfarbe (f) skin colour
Hautkrebs (m) skin cancer
Hebamme (f) midwife
heftig (adj) boisterously
Heftpflaster (n) sticking plaster, Band-Aid ® (US)
Heilerziehung (f) remedial education, therapeutic education
Heilerziehungspfleger(in) (m,f) educational therapist
Heiligabend (m) Christmas Eve
Heilpädagogik (f) remedial education
heilpädagogische Betreuung (f) child guidance
Heim (n) residential home; **in ein ~ einweisen** to institutionalize; **durch Heimaufenthalt unselbstständig sein** to be institutionalized
Heimeinweisung (f) care-order
Heimerzieher(in) (m,f) residential child care worker
Heimerziehung (f) residential care, upbringing in foster care; **Begleitung, Unterstützung während der ~** through care
Heimkind (n) boarding child, child in residential care
Heimleiter(in) (m,f) warden
Heimunterbringung (f) residential care
Helfersyndrom (n) helper syndrome
Hemmung (f) *(psych)* inhibition
Heranwachsende(r) (f,m) adolescent; *(pl)* rising generation
Herkunftsfamilie (f) parental family
Herkunftsland (n) home country, country of origin
Herkunftssprache (f) language of origin
herumspielen (v) to toy with something
Heterogenität (f) diversity
Hilfe zur Erziehung nach § 27 Sozialgesetzbuch VIII

(D) socio-educational provision under a care order
Hilfebedürftige(r) (m,f) person in need of help
Hilfekonferenz (f) *(päd)* panel
Hilfeleistung (f) relief, assistance
Hilfestellung, praktische (f) (practical) guidance
Hilfspersonal (n) auxiliary staff, temporary staff, ancillary worker, ancillary staff
Hilfsquellen (f,pl) resources
Hirnschädigung (f) brain injury
hitzefrei *(gibt es nur in D.!)* school closure due to very high temperatures
hochbegabt (adj) highly gifted
hochbegabtes Kind (highly) gifted child
Hochdeutsch (n) standard German
Hochschulabsolvent(in) (m,f) graduate
Hochschulausbildung (f) higher education
Hochschulbildung (f) tertiary education
Hochschule (f) university, university of applied sciences, institution of higher education,
Hochschulniveau (n) tertiary level
Hochschulreife (f) > *Abitur*
Hochstühlchen (n) *(für Kinder)* highchair
Hochzeit (f) wedding
Hochzeitstag wedding anniversary
Höhere Lehranstalt (f) institute of higher education
Holzbaustein (m) wooden block
hörbar (adj) audible
Hörbehinderung (f) hearing defect, impaired hearing
Hörgerät (n) hearing aid
hörgeschädigt (adj) hearing impaired
Hörhilfe (f), **~ gerät** (n) hearing aid
Hörschädigung (f) hearing impairment
Hort (m) (D) centre for school-age children, after-school provision, after-school care, after-school facilities, out-of-school educational daycare facility
Horterzieher(in) (m,f) (D) school-age childcare worker
Hörverlust (m) hearing loss
Hörvermögen (n) faculty of hearing
Hörverstehen (n) listening skills

Hospitalismus (m) hospitalism, institutionalization
Hospitation (f) observation visit, sitting in on a class
Hospiz (n) hospice
hospitieren (v) to observe in action, to sit in
hüpfen (v) to skip
hyperaktiv (adj) hyperactive

I

Ich (n) *(psych)* ego
ichbezogen (adj) self-centred
Ich-Botschaft (f) I-message
Identität (f) identity
Imitationslernen (n) imitative learning
imitieren (v) to imitate
immanent (adj) intrinsic
impfen (v) to vaccinate, to inoculate; **gegen etwas ~** to vaccinate against
Impfstoff (m) vaccine
Informationsfluss (m) flow of information
Inhaltsanalyse (f) content analysis
Inklusion (f) inclusion, mainstreaming
inklusive Kultur (f) inclusive culture
inklusive Leitlinien (f,pl) inclusive policies
inkonsequent (adj) inconsistent
Innen... indoor
Innenaktivitäten durchführen to do indoor activities
innere Hemmung (f) internal inhibition
innere Ruhe (f) inner peace
innerlich (adj) *(psych)* intrinsic
innewohnend (adj) intrinsic
Inobhutnahme (f) provision of shelter and protection
Insidergruppe (f) in-group
institutionelle Diskriminierung (f) institutional discrimination
Integration (f) *(von behinderten und nichtbehinderten Kindern)* mainstreaming, integration, inclusion
Integrationserzieher(in) (m,f) special educational needs teacher
Integrationsgruppe (f) *(für behinderte und nicht behinderte Kinder)* integrative group, inclusive group
Integrationskindergarten (m) inclusive nursery

Integrationspädagogik (f) inclusive pedagogy / education

integrative Erziehung (f) *(behinderter und nicht-behinderter Kinder)* joint education, inclusive education

integrieren (v) to mainstream, to integrate

Integrierte Sekundarschule (f) (ISS) (D) integrated secondary school

interagieren (v) to interact

Interaktion (f) interaction

Interdependenz (f) interdependence

interdisziplinäres Lernen (n) cross-disciplinary learning

Interesse aufrechterhalten to sustain interest

Interessengebiet (n) field of interest

Interessengleichheit (f) identity of interest

Interessenvertretung (f) advocacy

interkonfessionell (adj) interdenominational

interkulturell (adj) cross-cultural, intercultural

interkultureller Ansatz (m) intercultural approach

Internalisierung (f) internalization

Internat (n) boarding school

Internatseinrichtung (f) residential provision

Internatsschule (f) residential school

interventionistischer Ansatz (m) *(päd)* hands on approach

Intoleranz gegen Mehrdeutigkeit intolerance of ambiguity

intrinsische Motivation (f) intrinsic motivation

introvertiert (adj) withdrawn, introverted

J

Jahrespraktikum (n) probationary year

Jahresurlaub annual leave

Jugend (f) adolescence, youth

Jugend... (in Zusammensetzungen) juvenile

Jugendamt (n) (D) youth welfare (and youth service) office, youth office

Jugendamt (n) child welfare department

Jugendarbeit (f) youth work,

youth and community work; **mobile Jugendarbeit** detached youth work
Jugendarbeitslosigkeit (f) youth unemployment, entry unemployment
Jugendarbeitsschutzgesetz (n) (D) Protection of Young Persons at Work Act
Jugendcafé (n) drop-in centre
Jugendfreizeitstätte (f,pl) leisure centre for young people
Jugendfürsorge (f) child / youth welfare
Jugendfürsorger(in) (m,f), child / youth worker
Jugendgericht (n) juvenile court
Jugendgruppenleiter(in) (m,f) youth leader
Jugendhilfe (f) child and youth welfare (services)
Jugendkriminalität (f) juvenile delinquency
Jugendleiter(in) (m,f) voluntary youth leader
Jugendliche(r) (f,m) adolescent, young person, youth
jugendlicher Straftäter (m) juvenile delinquent, young offender
Jugendorganisation (f) youth association
Jugendpfleger(in) (m,f) youth worker
Jugendpsychiatrie (f) child guidance clinic
Jugendrecht (n) youth legislation
Jugendrichter(in) (m,f) juvenile court magistrate
Jugendstrafanstalt (f) young offender's institution, youth custody centre (Brit)
Jugendstrafe (f) youth custody (Brit)
Jugendwohlfahrt (f) youth and child welfare
Jugendzentrum (n) youth centre, youth club
junge Menschen (m,pl) young persons (14–17 years); young adults (17–25 years) (Brit)

K

kabbeln (sich) (v) to squabble
Kacke (f) poo, poop *(Kindersprache)*
kacken (v) to poo. to poop *(Kindersprache)*; **in die Hose machen** to poop in the pants
Kaiserschnitt (m) caesarean

(section)
Kaiserschnittgeburt caesarean delivery
Kartenspiel (n) cardgame
Karussell (n) roundabout (Brit), merry-go-round, carousel
Kasper (m) Punch
Kasperletheater (n) Punch and Judy show
Kern (m) *(auch fig)* core
Kernfamilie (f) nuclear family, basic family, elementary family
Keuchhusten (m) whooping cough, pertussis
Kieferorthopäde (m), **Kieferorthopädin** (f) orthodontist
Kinästhetik (f) kinesthesia, proprioception
Kind (n) child, (pl) children, infant; **uneheliches ~** illegitimate child; **vom ~ ausgehend** child initiated; **Schutz des Kindes** child protection
Kindchenschema (n) baby schema
Kinder- und Jugendfürsorge (f) child care
Kinder- und Jugendhilfe (f) (D) child and youth services
Kinder- und Jugendhilfegesetz (n) (KJHG) (D) Child and Youth Services Act
Kinder- und Jugendpsychotherapie (f) child and adolescent psychotherapy
Kinderarbeit (f) child labour
Kinderarzt / Kinderärztin (m,f) paediatrician (Brit), pediatrician (US)
Kinderbetreuung (f) child minding
Kinderbett (n) cot
Kinderfreibetrag (m) child allowance
kinderfreundlich (adj) child-orientated
Kindergarten (m) nursery school, nursery class, nursery, preschool (US); kindergarten *(*Brit: *meist private Einrichtung;* US: *meist Vorschule)*
Kindergeld (n) child benefit, children's allowance, family allowance, family benefit
Kinderheilkunde (f) paediatrics (Brit), pediatrics (US)
Kinderheim (n) children's home
Kinderhort (m) (D) after-school provision, after-school care, after-school facilities, centre for school-age children
Kinderklinik (f) children's

clinic

Kinderkonferenz (f) children's planning meeting

Kinderkram (m) kid('s) stuff

Kinderkrankenhaus (n) children's hospital

Kinderkrankenschwester (f) childrens's nurse; paediatric nurse (Brit); pediatric nurse (US)

Kinderkrankheit (f) childhood disease; *(fig)* teething troubles

Kinderkrippe (f) day nursery; > *Krippe*

Kinderladen (m) (D) parent-managed children's centre, antiauthoritarian playgroup

Kinderlähmung (f) poliomyelitis, polio, infantile paralysis, cerebral palsy

Kinderlied (n), **~reim** (m) nursery rhyme

Kindermädchen (n) nurse; *(im Privathaushalt)* nanny

Kindernotdienst (m) emergency services for (mistreated or neglected) children

Kinderpflege (f) child care

Kinderpfleger(in) (m,f) (D) childcare worker, nursery nurse, nursery worker, nursery assistant, childcare assistant; *(med)* children's nurse; > *Erzieher(in)*

Kinderrechte (n,pl) children's rights; **Bewegung zur Wahrung der Rechte der Kinder** children's rights movement

Kinderreim (m) nursery rhyme

Kinderschänder (m) child molester, child abuser

Kinderschutz (m) protection of children

kindersicher (adj) childproof

Kindersitz (m) *(Auto)* child safety seat, *(Fahrrad)* child-carrier seat

Kinderspiel (n) *(fig)* child's play

Kinderspielplatz (m) playground

Kindersterblichkeit (f) infant mortality

Kinder-Tageseinrichtung in Trägerschaft der Gemeinde local authority nursery

Kindertagesbetreuung (f) day care (establishment) for children

Kindertagesstätte (f) day care centre (for children and young people); child care centre

Kinderwagen (m) pram, buggy; pushchair (Brit); baby carriage, baby stroller (US)

Kinderzimmer (n) children's

room, *(für Kleinkinder)* nursery

Kinderzulage (f) child benefit

Kindesaussetzung (f) exposure, child abandonment

Kindesmisshandlung (f) child abuse

Kindesvernachlässigung (f) child neglect

Kindeswohl (n) the child's well-being

kindgemäß (adj) suitable for children

Kindheit (f) childhood; **zweite ~** *(Senilität)* second childhood

Kindheitspädagoge/pädagogin (m,f) (D) *(mit Hochschulausbildung)* early years professional

Kindheitspädagogik (f) (D) *(Studiengang mit B.A.)* early childhood education

kindisch (adj) babyish, childish

kindlich (adj) childlike

Kind-orientierter pädagogischer Ansatz (m) child-oriented educational approach

Kindschaftsverhältnis (n) filiation

kindzentriert (adj) child-centred

kirchlich geführt church-run

Kita-Berater(in) (m,f) educational advisor (for nursery school teachers)

KJHG > *Kinder- und Jugendhilfegesetz*

Klasse (f) *(Schule)* class, form (Brit); grade (US); **Klasse(n) überspringen** skipping classes

Klassenarbeit (f) test, written paper

Klassenausflug (m) class outing

Klassenfahrt (f) school trip

Klassengröße (f) class size

Klassenlehrer(in) (m,f) form teacher

Klausur (f) written paper, written test

Klebstoff (m) glue, sticky paste

kleiner Finger (m) pinky, pinkie (US)

Kleinfamilie (f) nuclear family

Kleingruppenunterricht (m) small-group teaching

Kleinkind (n) infant, toddler, young child

Kleinkindalter (n) infancy, early childhood

Kleinkindpädagogik (f) early childhood education / pedagogics

Kleinstkindpädagogik (f) infant pedagogics / education

Kleister (m) paste

Klettergerüst (n), **Klettergestell** climbing frame, climbing equipment; jungle gym (US)

Klient(in) (m,f) client

klischeehaft (adj) stereotyped

Knete, Knetmasse (f) dough, play-dough, Play Doh ®, Plasticine ® (Brit)

kneten (v) to mould

Koedukation (f) coeducation

kognitive Entwicklung (f) cognitive development;

kognitive Lernziele (n,pl) cognitive objectives

Kollegin (f), **Kollege** (m) colleague

Kolloquium (n) colloquium; *(mündliche Abschlussprüfung)* oral examination (as part of the finals)

kommunal (adj) local, municipal, community...

kompensatorische Erziehung (f) compensatory education

Kompetenzen erweitern upgrade competencies

Kompetenzmodell (n) competence model

Kompetenztransfer (m) shared learning

kompromisslos (adj) uncompromising

konditioniert (adj) *(psych)* conditioned

konfessionell (adj) denominational; **nicht- konfessionsgebunden** non-denominational

Konflikte lösen to resolve conflicts

Konfliktvermeidung (f) conflict avoidance

konkrete Operationen concrete operations

Konkurrenz *(päd)* rivalry

Konrektor(in) (m,f) deputy headmaster

konsistent (adj) consistent

kontaktarm (adj) withdrawn

Konvention über die Rechte des Kindes (f) Convention on the Rights of the Child

Konzentrationsvermögen (n) attention span

Konzept (n) *(Entwurf)* draft

Konzeption (f) concept

kooperativ (adj) cooperative

Kopfläuse (f,pl) head lice

Kopfrechnen (n) mental arithmetic

Kopftuch (n) headscarf, veil

kopieren (v) to photocopy, to xerox®

Korbkinderwagen (mit Verdeck) (m) bassinet

Korbwiege (mit Verdeck) (f)

bassinet

Kordel (f) (an Kleidungsstücken) drawstring

körperbehindert (adj) invalid, physically disabled, physically handicapped

Körperbehinderung (f) physical handicap, disability, physical defect

Körperbewusstsein (n) body awareness

Körperhaltung (f) posture, composure

körperliche Behinderung (f) physical handicap

körperliche Bestrafung (f) corporal punishment

körperliche Entwicklung (f) physical development

körperliche Nähe (f) physical closeness

Körperschaft (f) *(jur)* body

Körperschaft des öffentlichen Rechts (f) *(jur)* statutory body, body corporate under public law

Körpersprache (f) non- verbal communication and posture; body language

Krabbelkind (n) crawler

krabbeln (v) to crawl

Kraftausdrücke benutzen use bad language

krank (adj) ill, sick

krank geschrieben sein to be on sick leave

krank werden (v) to fall ill

Krankengeld (n) sick pay, sickness benefit

Krankengeschichte (f) case history

Krankenhaus (n) hospital, clinic

Krankenhauseinweisung (f) hospitalization

Krankenkasse (f) health company

Krankenpfleger (m) **in einer Sozialstation** (f) health visitor

Krankenpfleger (m) male nurse

Krankenschein (m) health insurance voucher, sick certificate

Krankenschwester (f) nurse

Krankenschwester (f) **in einer Sozialstation** (f) health visitor

Krankenstation (f) infirmary

Krankenversicherung (f) health insurance

Krankfeiern (n) absenteeism

Krankheit (f) illness, sickness, disease; *(ansteckende)* contagious disease

krankmelden (v) to report sick, to call in sick

Krankmeldung (f) sick note

krankschreiben (v) to give

someone a sick note
Kreativität (f) creativity
Kreisgespräch (n) (group) circle time
Kreisspiel (n) ring game
Kreißsaal (m) delivery room, labour ward
Kreuzworträtsel (n) crossword-puzzle
Kriminalität (f) delinquency
kriminell (adj) delinquent
Krippe (f) day nursery, baby nest (als Tageseinrichtung); crèche (für nicht ständige Einrichtungen benutzt, z.B. für Kinderbetreuung bei Veranstaltungen, sowie für be triebliche Einrichtungen)
Krippenspiel (n) nativity play
Kritzelalter (n) scribbling developmental stage
Kugelbahn (f) bowling alley, ball alley
kulturelle Anpassung (f) acculturation
kulturelle Vielfalt (f) cultural diversity
kündigen (v) *(Arbeitsverhältnis)* to sack someone
Kunsterzieher(in) (m,f) arts teacher
Kunsterziehung (f) art education
Kuratorium (n) board of trustees
Kurzbeschreibung (f) brief presentation
Kürzung (f) *(von finanziellen Mitteln und Leistungen)* cutback, cuts (pl)
Kurzzeitgedächtnis (n) short-term memory
Kuscheltier (n) cuddly toy

L

labiles Verhalten (n) unstable behaviour
Laienspiel (n) pantomime
Laientheater (n) amateur theatre
laissez-faire Führungsstil (m) non-directive / liberal style of leadership
ländliche Umgebung (f) rural environment
Langzeitgedächtnis (n) long-term memory
Latenzperiode (f) latency period
Lätzchen (n) bib, pinny
Laubsäge (f) jigsaw
Laufbahn (f) career
laufende Nase (f) running nose
Laufstall (m) playpen

Laufstuhl (m) (baby) walker
Lebensbedingungen (f,pl) living conditions
Lebensgefährte (m), **Lebensgefährtin** (f) partner
Lebensgrundlagen (f,pl) basic necessities
Lebenskraft (f) vitality
lebenslang (adj) life-long
Lebenslauf (m) curriculum vitae (C.V.)
Lebenspraxis (f) experience of life
Lebenszyklus (m) life cycle
lebhaft (adj) lively, *(Unterhaltung, Gebärden)* animated
lebhafte Phantasie (f) vivid imagination
Legasthenie (f) dyslexia
Lehramt (n) teaching profession
Lehramtsanwärter(in) (m,f) trainee teacher
Lehrbefähigung (f) teaching certificate
Lehrer(in) (m,f) teacher; *(der/die an mehreren Schulen unterrichtet)* peripatetic teacher
Lehrerausbildung (f) teacher training
Lehrerkollegium (n) teaching staff
Lehrervortrag (m) teacher talk
lehrerzentriertes Programm (n) teacher-centred programme
Lehrerzimmer (n) staff room
Lehrgang (m) course of study
Lehrplan (m) (school) curriculum, syllabus, teaching schedule; **~gestaltung** curriculum design; **heimlicher ~** hidden curriculum
Lehrprobe (f) assessed teaching practice, demonstration lesson
lehrreiches Spielzeug (n) didactic toys
Lehrstelle (f) traineeship
leibliche Schwester (f) full sister
Leidensdruck (m) desire to change
Leihmutter (f) surrogate mother
leisten (v) to attain, (*vollbringen*) achieve, (*sich etwas* ~) be able to afford
Leistung (f) attainment, achievement, performance, result
Leistungsbeurteilung (f) assessment, achievement report
Leistungsdifferenzierung (f) ability grouping; streaming *(Niveaudifferenzierung);*

setting *(Fachleistungs differenzierung)*

Leistungsfähigkeit, unterschiedliche mixed ability; Schulklasse mit unterschiedlicher Leistungsfähigkeit, ohne > *Leistungsdifferenzierung* mixed ability class

Leistungsgruppe (f) *(päd)* stream; **in Leistungsgruppen einteilen** to stream

Leistungsmessung (f) performance evaluation

leistungsorientiert (adj) achievement oriented

leistungsschwache(r) Schüler(in) (f,m) underachiever

Leistungstest (m) achievement test

Leistungswille (m) motivation

Leitbegriff (m) key concept

Leitbild (n) image, role model; *(einer Einrichtung)* guiding principle, mission statement

Leitbildfunktion (f) role model function

leiten (v) *(betreiben)* to run; **diese Einrichtung wird vom Staat betrieben** this institution is run by the state; **einen Kindergarten leiten** to run a nursery

Leiter(in) (m,f) *(einer Kindertagesstätte)* principal (of a nursery school); headteacher, head

Leitfaden (m) guidelines, s.a. > *pädagogischer Leitfaden*

Leitgedanke (m) central idea, central theme

lernbehindert (adj) with special needs, ineducable, with learning difficulties

lernbehindertes Kind (n) special needs child, educationally subnormal child, child with learning difficulties

Lernbehinderung (f) learning disability, learning handicap, learning difficulty

lernen (v) to learn, to study, to train; *(päd) im Sinne von aneignen* to acquire; **beiläufiges, unbeabsichtigtes Lernen** incidental learning; **auswendig ~** to learn by heart; **auf die harte Tour ~** to learn the hard way; **aus Erfahrung ~** to learn by experience; **aus seinen Fehlern ~** to learn by one's mistakes; **auswendig ~** to learn by heart; *(im Sinne von Pauken)* to learn by rote

Lernen (n), **aktives, selbstbestimmtes** active independent learning

Lernen am Modell modelling

Lernen durch Beobachtung observational learning

Lernen durch systematische Beobachtung und praktische Erfahrung experiential learning

Lernen durch Versuch und Irrtum learning by trial and error

Lernergebnis (n) outcome

Lernfähigkeit (f) learning aptitude

Lernfeld (n) area of learning

Lernmittel (n,pl) schoolbooks and equipment

Lernmittelfreiheit (f) free provision of schoolbooks and equipment, free provision of teaching materials

Lernprozess (m) learning process

Lernschwierigkeiten (f,pl) learning difficulties; **moderate ~** moderate learning difficulties; **schwere ~** severe learning difficulties; **schwerste ~** profound and multiple learning difficulties; **spezifische ~** specific learning difficulties

Lernspiele (n,pl) learning games, educational games

Lernstörung (f) learning disability

Lernziel (n) learning objective, learning goal

Lese- und Schreibfähigkeit (f) literacy

Lesealter (n) reading age; *wie ein Achtjähriger lesen können* to have a reading age of eight

Lesefähigkeit (f) reading skill

Lesekompetenz (f) reading ability

lesen und schreiben können to be literate

Lesepate/-patin (D) (m,f) voluntary teaching assistant to support reading skills

Leseverständnis (n) reading comprehension

Liebesentzug (m) deprivation, loss of love

liebevoll (adj) affectionate, loving

liebkosen (v) to caress

Lieblingsbeschäftigung (f) favourite occupation

Liegestütze (f) push-up

Linkshänder(in) (m,f) left-handed person

Linkshändigkeit (f) left-handedness

Lippen lesen to lip-read

Literalität (f) literacy

Literaturhinweise (m,pl) further reading

Lob (n) praise
loben (v) to praise
Logopäde, Logopädin (m,f) speech therapist
Lohn (m) *(Gehalt)* pay, salary
Lohnfortzahlung bei Krankheit sick pay
Lohnfortzahlung für Mütter maternity pay
Lösemittel (n) solvent; **~ missbrauchen** to abuse solvents
Lösemittelmissbrauch (m) abuse of solvents
loslassen (v) to let go
Lückentest (m) cloze test

M

Mädchenarbeit (f) work with girls
Mädchenname (m) maiden name
magersüchtig (adj) anorexic
Makel (m) stigma; **gesellschaftlicher** ~ social stigma
Malkasten (m) paint box
Mangel (m) defect, deficit, deficiency, weakness
manische Depression (f) maniac depression
männlich (adj) male
manuell (adj) manual
Märchen (n) fairy tale
Märchenland (n) fairyland
Marionettentheater (n) puppet show
Masern (pl) measles, rubella
Mäßigung (f) moderation
Maßlosigkeit (f) self-indulgence, boundlessness
Mathematik (f) mathematics, maths; > *Rechnen*
mathematische Kompetenz (f) mathematical literacy
Matriarchat (n) matriarchy
maulen (v) (F) to whine
Medienerziehung (f) media education
Medikament (n) medicine, medication; drug (US)
Mediothek (f) audiovisual library
Mehrdeutigkeit (f) ambiguity
Mehrfachbeeinträchtigungen (f,pl) complex and severe learning difficulties
Mehrfachbehinderung (f) multihandicap, multiple handicap
mehrfache Benachteiligung (f) multiple deprivation
Mehrgenerationenfamilie (f) extended family
Mehrheit, große (f) vast majority

Mehrlingsgeburt (f) multiple birth
mehrsprachig (adj) multilingual
Mehrsprachigkeit (f) multilingualism
Meinung (f) opinion
Meinungsumfrage (f) opinion poll, opinion survey
melden (sich) (v) *(in der Schule)* to raise one's hand
Menschenbild (n) view of humanity, view of mankind
Menschenwürde (f) human dignity
Merkmal (n) feature, characteristic
Mietbeihilfe (f) housing allowance
Mieter(in) (m,f) tenant; **~ einer Sozialwohnung** council tenant
Milchpulver (n) **für Babys** formula
Milchzahn (m) milk tooth, primary tooth, baby tooth
Mimik (f) gestures and facial expressions
Minderheit (f) minority
Minderheitsgruppe (f) minority group
minderjährig (adj) underage; **~ sein** to be underage
Minderjährige(r) (f,m) minor, person under age, underage person
Minderjährigkeit (f) minority
Minderwertigkeitsgefühl (n) feeling of inferiority
Minderwertigkeitskomplex (m) inferiority complex
Mindestalter (n) minimum age
Miniclub (m) (D) parent-organized toddlers'group, play group
Missbrauch (m) abuse; **Alkohol ~** (m) alcohol abuse; **sexueller ~** sexual assault
missbrauchen (v) to abuse; **sexuell ~** to abuse sexually
misshandeln (v) to batter, to maltreat; **misshandeltes Kind** abused *or* battered child *or* baby; **misshandelte Frau** battered wife
Misshandlung (f) maltreatment, ill-treatment, mistreatment, **körperliche ~** bashing
misstrauisch (adj) distrustful
Missverhältnis (n) mismatch, imbalance
Mitarbeit (f) cooperation
Mitarbeiter (pl) *(Kollegium)* staff
Mitarbeiter(in) (m,f) colleague, member of staff,

worker
Mitarbeiterbesprechung staff meeting
Mitarbeiter-Fortbildung staff training
Mitbestimmung (f) participation, joint management
mitfühlend (adj) compassionate
Mitglied (n) member
Mitgliedsbeitrag (m) membership fee
mitmachen (v) to join in; **sich am Spiel beteiligen** to join in the game
Mittagessen (n) lunch
Mittagspause (f) lunch break
Mittagsruhe (f) period of quiet (after lunch), quiet hour
Mittagsschlaf (m) nap
Mittagszeit (f) lunchtime
mitteilen (v) to share information, to inform
Mittlere Reife (f) (D) (veraltet, aber noch gebräuchlich, > *Realschulabschluss*) *etwa*: General Certificate of Education (GCE), *früher* O-level (Ordinary level)
Mitverantwortung (f) joint responsibility
Mitwirkung (f) contribution
mobben (v) to bully
mobile Jugendarbeit (f) detached youth work
Modelliermasse (f) modelling compound
Modelllernen (n) learning from model, modelling
Modellprojekt (n), **Modellversuch** (m) pilot project, pilot scheme
Moderator(in) (m,f) facilitator
Monokultur (f) monoculture
monolingual (adj) monolingual
Moralerziehung (f) moral education
Morgenkreis (m) circle time
Motivationserschöpfung (f) burn-out
Motorik (f) motor behaviour, **Feinmotorik** fine motor skills, **Grobmotorik** motor skills
motorische Fähigkeit (f) motor ability
multikulturell (adj) multicultural
Mumps (m *oder* f) mumps
mündig (adj) of age, responsible
Mündigkeit (f) majority
mündlich (adj) oral
mündliche Ausdrucksfähigkeit (f) oracy
mündliche Befragung (f) oral questioning

mündliche Prüfung (f) oral examination, oral test

mündlicher Ausdruck (m) verbal expression

musikalischer Sinn (m) musical sense

Muße (f) leisure

Mutter- und Koselieder *(pl) (Fröbel)* Mother-Songs

Mutter, minderjährige (f) teenage mother

Mütterberatung (f) counselling in child care

Mutter-Kind-Bindung (f) *(psych)* mother-child attachment, bonding

Mutter-Kind-Gruppe (f) pre-school playgroup, mother-toddler group

Mutter-Kind-Heim (n) home for single mothers and their children

mütterlich (adj) maternal; **mein Großvater mütterlicherseits** my maternal grandfather

Muttermal (n) birth mark

Muttermilch (f) mother's milk

Mutterschaft (f) maternity, motherhood

Mutterschaftsgeld (n) maternity allowance, maternity benefit

Mutterschaftsurlaub (m) maternity leave

Mutterschutz (m), **betrieblicher** maternity protection

Mutterschutzvorschriften, betriebliche protective legislation for working mothers

Muttersprache (f) first language, mother tongue, native language

Muttersprachler(in) (m,f) native speaker

Muttertag (m) Mother's Day

N

Nabelschnur (f) umbilical chord

Nachbarschaft (f) neighbourhood, vicinity

Nachbarschaftsheim (n) neighbourhood centre, community centre

Nachbarschaftshilfe (f) community care

Nachbarschaftsverein (m) community association

Nachbetreuung (f) after-care

Nachfrage (f) demand

nachgeburtlich (adj) postnatal

nachhaltig zukunftsverträgliche Entwicklung (f) sustainable development
Nachhaltigkeit (f) sustainability
Nachhilfe (f) coaching
Nachhilfelehrer(in) (m,f) tutor
nachlässig (adj) neglectful
Nachmittagsbetreuung (f) afternoon session
Nachname (m) last name, second name, surname, family name
Nachsitzen (n) *(in der Schule)* detention
nachsitzen lassen (v) to keep somebody in, to give somebody detention
Nachsorge (f) *(z.B. bei Heimerziehung)* after care
nachspielen (v) to act out (something); **eine Geschichte ~** to act out a story
nächste Angehörige (pl) next of kin
Nachteil (m) disadvantage
nächtlicher Bereitschaftsdienst (m) wakened nightstaff
Nachtwache (f) wakened night staff
Nahrungsaufnahme (f) intake of food
Nährstoff (m) nutrient
Nahsinne (m, *meist* pl) near senses
Namensband (n) *(bei Babys)* ID bracelet (for newborn babies)
Naturheilverfahren (n) nature cure
naturwissenschaftliche Grundbildung (f) scientific literacy
Naturschutz (m) (nature) conservation
Naturschützer (m) conservationist
Nebenräume (m,pl) ancillary rooms
Nebenwirkung (f) side effect
negative Verstärkung (f) *(psych)* escape conditioning, negative reinforcement
Neigung (f) tendency; *(Zuneigung)* affection, fondness
Nervenklinik (f) mental hospital
Nesselausschlag (m),
Nesselfieber (n) nettle rash
Neugeborene(s) (n) newborn, newborn infant
Neugeborenen... *(in Zusammensetzungen)* neonatal; **~station** neonatal unit
neugeborenes Kind (n) *(bis zu einem Monat)* neonate; newborn baby, newborn infant

Neugier (f) curiosity, (F) nosiness; **aus ~** out of curiosity; **unstillbare ~** insatiable curiosity

neugierig (adj) curious, (F) nosy

Nicht-Ausgrenzung (f) non-segregation

nicht ehelich geborenes Kind illegitimate child

Nicht-Behinderte (pl) able-bodied people, non-disabled person

nichteheliche Lebensgemeinschaft (f) domestic partnership

nichtkonditionell (adj) *(psych)* unconditional

nicht-sprachlich non-verbal

nicht-sprachliche Hinweise non-verbal clues

nicht-teilnehmende Beobachtung (f) non-participant observation

Nickerchen (n) nap; **ein ~ machen** to take a nap

non-verbale Interaktion (f) non-verbal interaction

Notdienst (m) emergency service, > *Notruf*

Note (f) *(Schule)* mark (Brit), grade (US); **gute / schlechte Noten erhalten** to get good / bad marks

Notensystem (n) *(Schule)* marking / grading system

Notfallordner (m) emergency folder

Notruf (m) helpline

null bis drei Jahre nought to three years

null Toleranz (f) zero tolerance

O

obdachlos (adj) homeless

Obdachlose(r) (f,m) homeless person

Obdachlosigkeit (f) homelessness

Oberschule (f) secondary school; high school (US)

Oberschüler(in) (m,f) student, high-school student

Oberstufenzentrum (n) (D) vocational secondary college

Objektpermanenz (f) object permanence

offene Angebote (n,pl) drop-in facilities

offene Arbeit (f) *(in der Kita)* open-plan work

offene Einrichtung (f) establishment without fixed

membership
offene Jugendarbeit (f) open activities for young people
offenes Verhalten (n) overt behaviour
Offenheit (f) openness
offensichtlich (adj) self-evident
öffentlich (adj) public
öffentlich finanzierte Bildungseinrichtungen maintained educational provision
öffentlich finanzierte Einrichtungen publicly funded provisions / services
öffentlich finanzierte Schule maintained school
öffentliche Erziehungshilfen (f,pl) statutory socio- educational provision for children with problems
öffentliche Gelder (n,pl) public funds
öffentliche Schule (f) state school
öffentliche Träger (m,pl) public agencies, statutory agencies / bodies
öffentlicher Dienst (m) civil service, public service
öffentliches Gesundheitssystem (n) public health service; National Health Service (NHS) (Brit)
Öffentliches Recht (n) public law
Öffentlichkeit (f) public
öffentlich-rechtlich (adj) under public law
Öffnungszeiten (f,pl) opening hours, opening times
Ökologie (f) ecology
ökologisch (adj) ecological, environmental
Ökosystem (n) ecosystem
Opfer (n) victim
optische Wahrnehmung (f) visual perception
orale Phase (f) oral stage
oral-sensorische Phase (f) oral-sensory stage
örtliche Verwaltung (f) local administration

P

Paarverhältnis (n) dyad
Pädagoge / Pädagogin (m,f) pedagogue
Pädagogik (f) (theory of) education, pedagogy, pedagogics
Pädagogik der frühen Kindheit (f) early years education

pädagogisch (adj) educational, pedagogical

pädagogisch gesehen pedagogically speaking

Pädagogische Hochschule (f) college of education, teacher training college

pädagogische Unterrichtshilfe (f) teaching assistant, teacher's aide

pädagogischer Leitfaden (m) educational guide

Papiertaschentuch (n) (paper) tissue, kleenex ®

Papierwindel (f) disposable nappy; > *Windel*

Pappe (f) cardboard

Pappkarton (m) cardboard box

Pappmaschee (n) papier-mâché

Partnerarbeit (f) peer work

Patchwork-Familie (f) (D) reconstituted family, blended family

Patient in ambulanter Behandlung out-patient

Patient in stationärer Behandlung in-patient

pauken (v) rote learning, to learn by rote

Pauschale (f), **Pauschbetrag** (m) flat rate

Pauschalzahlung (f) lump-sum payment

permanente Gegenstände (m,pl) object permanence

Personalausstattung (f) staffing

Personalraum (m) staff room

Personalschlüssel (m) *(Zahlenverhältnis Erzieher / Kinder)* staff-child ratio

Personensorge (f) *(jur)* care and control; care and custody of a person

Personensorgeberechtigte(r) (f,m) person who exercises the right of care and custody

persönlich (adj) one-to-one, individual

Persönlichkeitsstörung (f) personality disorder

petzen (v) to tell tales

Pfadfinder(in) (m,f) (boy) scout, (girl) guide; **~ über 16 Jahre** venture scout

Pfarrgemeinde (f) parish

Pflege (f) care

pflegebedürftig (adj) in need of care

Pflege|eltern, ~vater, ~mutter foster parents, foster father, foster mother

Pflegefall (m) nursing case

Pflegefamilie (f) foster family

Pflegeheim (n) nursing home

Pflegekind (n) foster child (in a family / in a home)

Pflegekosten (pl) nursing fees

Pflegekraft (f) carer, nurse, care-giver

pflegen (v) to nurse, to care for, to look after

Pfleger(in) (m,f) carer, enabler, assistant

pflegerische Orientierung (f) *(beruflich, Ausbildung)* paramedical orientation

Pflegesatz (m) daily allowance, daily rate

Pflegetochter (f) foster daughter

Pflegesohn (m) foster son

Pflegeurlaub (m) compassionate leave

Pflegeversicherung (f) nursing insurance

Pflegschaft (f) (D) *(jur)* curatorship, guardianship

Pflicht- und Wahlfächer common curriculum

Pflichtfach (n) foundation subject, compulsory subject, *(im Pl. :)* core curriculum

Phantasie (f) imagination

Physiotherapeut(in) (m,f) physiotherapist

pinkeln (v) to pee; **in die Hose ~** to pee (in) one's pants; **~ gehen** to have a pee; **sich bepinkeln** to pee oneself

Pipi (n) *(Kindersprache)* wee, wee-wee; **~ machen** to pee

Plan (m) *(Übersicht)* rota (Brit), roster (US); **Tagesplan** daily rota; **Wochenplan** weekly rota; **Dienstplan** duty rota

Planschbecken (n) toddler's pool

plötzlicher Kindstod (m) sudden infant death syndrome (SIDS)

Po (m) (F) butt

politisches Asyl (n) political asylum; **~ ~ beantragen / gewähren** to seek / to grant political asylum

polizeiliches Führungszeugnis (f) criminal investigations check (UK)

postnatale Depression (f) baby blues, post-natal depression

prägend (adj) formative; **die prägenden Jahre** the formative years

Prägung (f) *(psych)* imprinting, fixation

Praktikant(in) (m,f) student on placement, (student) trainee, student on work experience; *(Lehrer/innen-Ausbildung)* student teacher; intern (US)

Praktikantenberatung (f) counselling students in training

Praktikum (n) (practical) work experience, practical studies, practicum, period of practical training; *(in Betrieb oder päd. Einrichtung)* work placement, internship **Auslandspraktikum** practicum abroad; **im ersten Studienjahr sind vier Wochen ~** work placements cover four weeks during the first year of study

praktisch arbeiten (v) to do practical work

praktische Erfahrung (f) practical experience, work experience, hands-on experience

praktische Prüfung (f) practical (exam)

praktisches Beispiel (n) concrete example

Praxis (f) *(Erfahrung)* practical experience, work experience; *(Anwendung)* practice; **in der ~** in practice; **etwas in die ~ umsetzen** to put s.th. into practice, translate into practice; *(Arztpraxis)* surgery

Praxisanleiter(in) (m,f) placement supervisor

praxisbegleitender Unterricht (m) **(PBU)** theory days

Praxisberater(in) (m,f) consultant teacher

Praxisbericht (m) placement recording

Praxiserfahrung (f) practical experience

praxisnah (adj) closely concerned with practice

praxisorientiert sein to have a practical attitude

Praxissemester (n) practical term / semester

Primärbeziehung (f) early bonding

Primarstufe (f) primary school level, primary stage of education

Prinzipienstreit (m) fight over fundamental issues

Privatschule (f) private school; independent school (Brit), public school *(meist mit Internat)* (Brit)

Probeklausur (f) mock exam

Probezeit (f) probation, probationary period; **~ haben, auf Bewährung sein** to be on probation

Problemlösefähigkeit (f) problem-solving skill

professioneller Praktiker(in) (m,f) practitioner

Programm (n) scheme [ski:m]

progressive Skala (f) sliding

scale
Projektarbeit (f) topic work
Protokoll (n) record; **Protokollbogen** (m) record sheet
prüfen (v) to examine, to test, to study, to check
Prüfung (f) examination
Prüfungs|arbeit (f), **~aufgabe** examination paper
Prügel bekommen to get a beating
Prügelstrafe (f) corporal punishment, flogging
Psychagoge (m), **Psychagogin** (f) psychiatric child care worker
psychiatrisch (adj) psychiatric
psychisch (adj) psychological
Psychologe (m), **Psychologin** (f) *(zur Beratung Jugendlicher)* guidance counselor; psychologist
Psychologie (f) psychology
psychologisch (adj) psychological
psychomotorische Lernziele (n,pl) psychomotor learning objectives
Pubertät (f) puberty
Puppe (f) (Spielpuppe) doll; (Theater-, Handpuppe) puppet
Puppenecke doll's corner
Puppenküche (f) kiddie kitchen
Puppenspiel (n) puppet theatre, puppet play
Puppenstube, Puppenhaus doll's house
Puppentheater (n) puppet show
Puppenwagen doll's pram
Purzelbaum (m) somersault; **einen ~ schlagen** to somersault
Putzplan (m) cleaning rota
Puzzle (n) jigsaw puzzle

Q

qualifiziert (adj) qualified; **hoch ~** highly qualified
Qualitätsentwicklung (f) quality development
Qualitätskontrolle (f) quality control
Qualitätsverbesserung (f) quality enhancement
quantitative Befragung (f) *(soz)* quantitative survey
quengelig (adj) whining, fretful; **sei nicht so ~** stop your whining
quengeln (v) to whine, to become fretful

Querschnitt (m) cross-section
querschnittsgelähmt (adj) paraplegic
Quote (f) proportion, quota
Quotenregelung (f) quota regulation, quota system

R

Rabenmutter (f) an uncaring mother, a cruel mother
rächen (v) to retaliate
Radweg (m) cycle way, cycle path
Rand (m) fringe; **am ~ der Gesellschaft** on the fringes of society
Randgruppe (f) *(soz)* fringe group, marginal group, minority group
Ranzen (m) satchel
Rasselbüchse (f) sound box, sound cylinder
Rassismus (m) racism, racialism; **offener ~** overt racism
Rassist(in) (m,f) racialist, racist
rassistisch (adj) racist, racialist; **rassistische Vorurteile** racial prejudice; **rassistischer Angriff** racist attac; **rassistische Bemerkung** racist remark
Rat (m) (Ratsversammlung) council
Rat(schlag) (m) advice
Rätsel (n) puzzle; **ein ~ lösen** to solve a puzzle
raufen (sich) (v) to scuffle
räumliches | Bewusstsein (n) spatial awareness; **~ Vorstellungsvermögen** (n) spatial sense
Realschulabschluss (m) (D) intermediate school-leaving certificate; *entspricht etwa:* General Certificate of Education (GCE), *früher* O-level (Ordinary level*) in Engl, Wales, N.I.; in Schottland:* Standard Grade (Scottish Certificate of Education, SCE)
Realschule (f) (D) *etwa:* secondary modern school (Brit); junior high school (US)
Rechenkompetenz (f) numeracy skills
Rechenrahmen (m) counting frame
Rechnen (n) arithmetic, number work
rechnerische Fähigkeiten (f,pl) numeracy

rechtliche Verantwortung (f) legal responsibility
Rechtsanspruch (m) legal entitlement
Rechtsberatungsstelle (f) legal advice centre
Rechtsfähigkeit (f) legal responsibility
Rechtschreibfehler (m) spelling error, spelling mistake
Rechtschreibung (f) spelling
Rechtshändigkeit (f) right-handedness
Rechtsradikale(r) (f,m) rightist, right-wing extremist
Referat (n) *(univ)* seminar paper; *(school)* project; **~ halten** read / present a paper
Referendar(in) (m,f) *(Schule)* trainee teacher; practice teacher (US)
Referendariat (n) *(für Lehrer/innen)* probationary period
Reflexion (f) reflection
Reformpädagogik (f) progressive education
reformpädagogische Bewegung (f) educational reform movement
Regelkita (f) mainstream childcare centre, mainstream daycare centre
Regelschule (f) mainstream school
reguläre Schule (f) regular school
Rehabilitationszentrum (n) rehabilitation centre
rehabilitierend (adj) rehabilitative
Reha-Klinik (f), **Reha-Zentrum** (n) rehab clinic / centre
Reifung (f) maturation
Reinlichkeitserziehung (f) toilet training
Reiz (m), stimulus; **unangenehmer ~** aversive stimulus
Reizüberflutung (f) overstimulation, flooding
Religionsunterricht (m) religious instruction
religiöser Glaube (m) religious belief
Rentenalter (n) retirement age
Rentner(in) (m,f) old age pensioner (OAP)
Resilienz (f) *(psych)* resilience
Resozialisierung (f) reintegration, rehabilitation
Retardierung (f) retardation
Revier (n) *(Bezirk, Feld)* patch
Richtlinien (f,pl) guidelines
Risikofaktor (m) risk factor
Risikogruppe (f) high-risk group

Risikokind (n) delicate child
Risikoschwangerschaft (f) high-risk pregnancy
Rodelbahn (f) toboggan run
rodeln (v) to sledge
Rohrstock (m) cane
Rolle (f) *(psych)* role; **eine ~ übernehmen** to assume a role
Rollenkonflikt (m) role conflict
Rollenspiel (n) role play, role playing
Rollentausch (m) role reversal
Rollenverhalten (n) role behaviour
Rollenvorbild (n) role model
Rollenzuweisung (f) role allocation
Roller (Tretroller) (m) scooter
Rollschuh (m) roller skate
Rollschuh fahren to roller-skate
Rollschuhbahn (f) roller skating rink
Rollstuhl (m) invalid chair, wheelchair
Rollstuhlfahrer(in) (m,f) wheelchair user
Röteln (pl) German measles, rubella
rotznasig (adj)(F) snotty-nosed
Rückentwicklung (f) regression
Rückschlag (m) setback
Rückschritte machen to regress
Ruhestand (m) retirement; **in den ~ gehen** to retire; **im ~** retired; **vorzeitiger ~** *(aus arbeitsmarktpolitischen Gründen)* job release
Ruhezeit (f) quiet time, rest time
Rundschreiben (n) circular
Rutsche (f) *(Kinder-)* slide; *(Rummel)* helter skelter

S

Sabbatjahr (n) sabbatical, sabbatical leave, sabbatical year
Sachbearbeiter(in) (m,f) desk officer; *(Sozialamt)* case worker
Sachbuch (n) non-fiction book, factual book
Sachwalterschaft (f) advocacy
Sammelalbum (n) scrap book
Sandkasten (m) sandpit (Brit); sandbox (US)
Sandmännchen (n) sandman

Satzung (f) *(Verein etc.)* statute
sauber (adj) *(bezogen auf Kinder)* toilet-trained
sauber sein *(Kleinkinder)* potty trained; **ist Mary schon „sauber"?** is Mary potty-trained yet?
Sauberkeitserziehung (f) potty-training
Säugling (m) infant
Säuglingsalter (n) babyhood, infanthood, early infancy
Säuglingspflege (f) infant care, baby care
Säuglingspflegekurse (m,pl) classes on infant care
Säuglingsschwester (f) nursery nurse, baby nurse, infant nurse
Säuglingssterblichkeit (f) infant mortality
Saugreflex (m) suckling reflex
Säulendiagramm (n) bar graph, bar chart
Schablone (f) template
Schachtelmännchen (n) jack-in-the-box
Schädigung (f) impairment
Schaubild (n) chart
Schaukel (f) swing
Schaukelgestell (n) swingset
Schaukelpferd (n) rocking horse
scheiden (v) *(Ehe)* to divorce; **geschieden werden** obtain a divorce
Schema (n) *(päd)* schema [ski:ma]
Schicht (f) *(Arbeit)* shift; **in Schichten arbeiten** to work in shifts; to do shift work
Schicht (f) *(soz)* class, stratum, level
schikanieren (v) to bully, to harass
Schimpfwörter (n,pl) bad language, swear words
Schlafanzug (m) pyjamas (Brit); pajamas (US)
Schlafenszeit (f) *(am Mittag)* nap time
Schlafsaal (m) dormitory
schlechte(r) Schüler(in) poor student
schlechtes Betragen misbehaviour
schlechtes Verhalten poor behaviour
Schleife (f) *(auch päd)* loop
schlichten (v) to mediate, to settle, to arbitrate
schließen (v) *(auf Dauer)* to close down
Schließfach (n) locker; **abschließbares ~** lockable locker
Schließzeiten (f,pl) closing times

Schlitten (m) sledge; *(Pferde-)* sleigh
Schlittschuh (m) ice skate
Schlüssel > *Erzieher-Schlüssel*
Schlüsselbegriff (m) key concept, key word
Schlüsselfähigkeiten (f,pl) key competences
Schlüsselfrage (f) key question
Schlüsselqualifikation (f) core skill
Schlüsselkind (n) latch-key child
Schmerz (m) pain, ache; *(Kummer)* grief
schmerzen (v) to hurt, to ache
schmerzstillendes Mittel (n) pain-killer
schmollen (v) to pout
schmusen (v) to cuddle
Schmusetier (n) cuddly toy
Schmutz erzeugende Aktivitäten (manschen, planschen, kleistern) messy activities
Schneeanzug (m) snow suit, one-piece (suit)
Schnitzeljagd (f) paper-chase
Schnüffeln (n) *(bei Drogen)* abuse of solvents
schnüffeln (v) *(Lösemittelmissbrauch)* to abuse solvents, sniffing
Schnuller (m) pacifier, baby's dummy
Schnupperkurs (m) (one-off) bite size course, taster course
Schnürsenkel (m) shoe-lace; **die ~ zubinden** to lace up one's shoes
Schranke (f) barrier
Schreibkompetenz (f) literacy skills
schriftliche Prüfung (f) written paper
Schriftsprachenkompetenz (f) literacy
Schulabbrecher(in) (m,f) school dropout
Schulabgänger(in) (m,f) school leaver
Schulabschlusszeugnis (n) school-leaving certificate
Schulamt (n) (local) education authority
Schulanfang (m) beginning of term
Schulangst (f) school phobia
Schulbesuch (m) school attendance; **regelmäßiger ~** regular attendance at school
Schuldfähigkeit (f) legal responsibility
Schule (f) school; **Grundschule** primary school (Brit); elementary school (US); **Oberschule** secondary school (Brit); high

school (US), **7.–9. Klasse** junior high school (US); **10.–12. Klasse** (senior) high school (US)

Schule in freier Trägerschaft private school; independent school (Brit)

Schuleintrittsalter (n) school entrance age

Schüler(in) (m,f) student; *(im Grundschulalter)* pupil *(veraltet)*

Schülerausweis (m) school identity card

Schülerladen (m) (D) parent-run / private after-school provision

Schülerlotse (m), **Schülerlotsin** (f) lollipop man / lady / woman (Brit); crossing guard (US)

Schülervertretung (f) (SV) (D) pupils' council, students' council

Schülerzeitung (f) school magazine

Schulfach (n) (school) subject

Schulferien (pl) school holidays (Brit); summer vacation (US)

Schulgebühren (f,pl), Schulgeld (n) school fee

Schulgelände (n) premises

Schulgeld (n) school fee

Schulgesetz (n) education act

Schulheft (n) exercise book

schulische Integration (f) inclusion at school

Schulkindergarten (m) preprimary class

Schulklasse (f) form, (school) class

Schulklasse mit Förderunterricht remedial class

Schulleiter(in) (m,f) head, head of school, head teacher, principal, headmaster, headmistress; **stellvertretende(r) ~** deputy ~

Schulpflicht (f) compulsory school attendance

schulpflichtig (adj) of school-age; **schulpflichtige Kinder** school-age children

Schulpraktikum (n) teaching practice, work experience; **ein ~ machen** to do work experience

Schulpsychologe (m), **Schulpsychologin** (f) educational psychologist

Schulpsychologie (f) educational psychology

Schulrat (m), **Schulrätin** (f) inspector of schools, school inspector

Schulreife (f) readiness for school, school readiness

Schulschwänzer(in) (m,f) truant

Schulsekretariat (n) school secretary's office
Schulstunde (f) lesson, period
Schultafel (f) blackboard
Schulträger (m) body responsible for schools
Schulverweigerung (f) school refusal
Schulzeugnis (n) school report
schummeln (v) to cheat
Schutz des ungeborenen Lebens protection of the unborn child
Schutzimpfung (f) inoculation, vaccination
schutzlos (adj) vulnerable
schwanger (adj) pregnant; **sie ist im siebenten Monat ~** she's seven months pregnant; **sie ist mit Zwillingen ~** she's pregnant with twins
Schwangerschaft (f) pregnancy; **~ von Minderjährigen** teenage pregnancy **~ abbrechen** to terminate a pregnancy
Schwangerschaftsabbruch (m) abortion, termination of a pregnancy; **legaler ~** legal abortion; **~ aus med. Indikation** therapeutic abortion
schwänzen (v) *(unentschuldigtes Fehlen)* to play truant
schwatzen (v) to chatter
Schweigepflicht (f) duty to maintain confidentiality, professional confidentiality, secrecy
Schwellenangst (f) fear of the unknown
schwer erziehbares Kind (n) disruptive child
schwerbehindert (adj) severely disabled, severely handicapped *(wird häufig als abwertend empfunden)*
Schwerbehinderte(r) (f,m) severely disabled person
Schwererziehbarkeit (f) disruptive behaviour
schwerhörig sein (adj) to be hard of hearing
Schwerpunkt (m) centre of gravity
Schwiegerkinder, **~ eltern, Schwager** *etc.* in-laws
Schwimmflügel (m,pl) waterwings
seelische Grausamkeit (f) mental cruelty
Seelsorge (f) pastoral care
Segregation (f) segregation
Sehbehinderung (f) impaired vision
Sehschwäche (f) visual impairment
Sehstörung (f) visual disorder
Sehvermögen (n) vision
Seilspringen (n) skipping

seilspringen (v) to skip (rope)
Sekundärbeziehung (f) secondary bonding
Sekundärliteratur (f) secondary literature
Sekundarstufe (f) secondary school level
Sekundarstufe I (f) (D) junior high school *(7. – 9. Schuljahr)* (US); classes with students aged 10 to 15
Sekundarstufe II (f) (D) senior high school (US); fifth and sixth form classes
Sekundärtugend (f) seconddary virtue
Selbstachtung (f) self-esteem, self-respect
selbstbeherrscht (adj) self-possessed
Selbstbeherrschung (f) anger-management, self-command, self-control, self-mastery
Selbstbeobachtung (f) introspection
Selbstbestimmung (f) self-determination
Selbstbewertung (f) self-evaluation, self-assessment
Selbstbewusstsein (n) self-assurance, self-confidence, self-assertion, ego
Selbstbild (n) self-concept
Selbsteinschätzung (f) self-assessment
Selbstentfaltung (f) self-development
Selbsterkenntnis (f) self-awareness, self-knowledge
Selbsterniedrigung (f) self-abasement
selbstgesteuertes Lernen self-guided / self-directed learning
Selbsthilfegruppe (f) non-professional helping group
Selbsthilfegruppe (f) self-help-group
selbstkritisch (adj) self-aware
selbstlos (adj) unselfish
selbstsicher (adj) self-assured
Selbstsicherheit (f) self-assurance
selbstständig (adj) self-contained, independent
Selbstständigkeit (f) autonomy, independence
selbstsüchtig (adj) selfish
selbsttätige Entfaltung (f) spontaneous unfolding
Selbsttätigkeit (f) *(des Kindes)* self-directed activity
Selbstverletzung (f) self-harm
Selbstverstümmelung (f) self-inflicted wounds
Selbstvertrauen (n) self-confidence
selbstverwaltet (adj) self-

governing
Selbstverwirklichung (f) self-actualization
Selbstwahrnehmung (f) self-perception
Selbstwert (m) self-worth
Selbstwertgefühl (n) (sense of) self-esteem; feeling of self-worth
Selbstwirksamkeit (f) self-efficacy
selbstzufrieden (adj) self-complacent
selbstzugefügt (adj) self-indulged
Semester (n) term, semester
Seminar (n) workshop
Seminararbeit (f) seminar paper
Seminartage (m,pl) (Schultage während eines Praktikums) theory days
Senioren (pl) elderly people, senior citizens
sensibel (adj) sensitive
sensibilisieren (v), **jemanden für etwas ~** to sensitize
Sensibilität (f) sensitivity
sensible Phase (f) sensitive period / phase
sensomotorisch (adj) sensory-motor
Servierwagen (m) trolley
Sexualerziehung (f) sex education
sexuell missbrauchen (v) to abuse sexually
sexueller Missbrauch (m) sexual abuse
sexueller Übergriff (m) indecent assault
Sich-Ausdrücken (n) *(päd)* expressing
Sich-Entwickeln (n) *(päd)* becoming
Sicherheitsgurt (m) *(für Kinder)* safety harness
Simultanübersetzung (f) running translation, simultaneous interpretation
Sinn (m) sense; **Geschmackssinn** sense of taste; **Tastsinn** tactile sense, sense of touch
sinnes-, die Sinne betreffend sensorial, sensory
Sinnesentwicklung (f) sensory development
Sinnesmaterialien (n,pl) sensory materials
Sinnesorgan (n) sense organ, sensory organ
Sinnesübung (f) sensory exercise
Sinneswahrnehmung (f) sensory perception
sinnlich (adj) sensual; **sinnliche Erfahrung** sensual experience
Situationsanalyse (f) situa-

tion analysis

Situationsansatz (m) contextual (child development) approach, situational approach, situation-oriented approach

sitzen bleiben (v) *(Schule)* to repeat a year, to stay down a year

Sitzung (f) session

Sondererziehung (f) special education

Sondererziehungsanforderungen (f,pl) special (educational) needs (SEN)

Sonderkindergarten (m) special kindergarten; **Erzieher(in) in einem ~** special needs kindergarten educator; **Kind mit besonderen Bedürfnissen in einem ~** special needs child

Sonderpädagoge (m), **Sonderpädagogin** (f) special educational needs (SEN) teacher

Sonderpädagogik (f) special needs education (SEN), remedial education

Sonderschule (f) special (needs) school

Sonderschullehrer(in) (m,f) special education teacher, special school teacher

Sonderschulwesen (n) special needs teaching

Sorge (f) worry, trouble, anxiety

Sorgeberechtigter (m) person having custodial rights

sorgeberechtigter Elternteil (m) custodial parent

Sorgerecht (n) (legal) custody, custodial rights, right of custody; **die Mutter erhielt das ~** the mother was given (the) custody of the children; **gemeinsames ~** joint custody

Sorgerechtsanordnung (f) care-order

Sorgerechtsentzug (m) withdrawal of (the right of) custody

Sorgfalt (f) care

So-Sein (n) *(päd)* being

Sozialabbau (m) cutback in the social welfare system

Sozialamt (n) social office, social department, local welfare authority (Brit)

Sozialarbeit (f) social work

Sozialarbeit, feldbezogene patch social work

Sozialarbeiter für Einzelfälle (m) case worker

Sozialarbeiter(in) (m,f) social worker, welfare officer, welfare worker

Sozialassistent(in) (m,f) social assistant

soziale Anpassungsfähigkeit (f) social adaptability

soziale Benachteiligung (f) social discrimination

soziale Einrichtung (f) social institution

soziale Fähigkeiten (f,pl) social skills

soziale Integration (f) social inclusion

soziales Verhalten (n) social behaviour

sozialer Brennpunkt (m) deprived area

sozialer Wohnungsbau (m) council housing

Sozialgesetzbuch (n) (D, *jur*) social code

Sozialhilfe (f) social security (benefit), welfare, *(Hilfe zum Lebensunterhalt)* income support; **von ~ leben** to be on social security

Sozialisation(sprozess) (m) socialization

Sozialisierung (f) socialisation

Sozialkunde (f) social studies

Sozialleistungen (f,pl) welfare benefits, welfare services

Sozialpädagoge, Sozialpädagogin (m,f) social pedagogue, youth and community worker, social education worker

Sozialpädagogik (f) social | pedagogy, ~ pedagogics, social education; youth and community education

Sozialpflege (f) social care

sozialpflegerische Orientierung (f) social care orientation

Sozialraum (m) community, neighbourhood; **~orientierung** community orientation, **~ -Profil** community profile

Sozialstation (f) community care centre

Sozialversicherung (f) social insurance

Sozialwissenschaften (f,pl) social sciences

Sozialwohnung (f) council flat

soziokulturell (adj) sociocultural

soziokulturell | benachteiligt, ~ randständig culturally alienated

Spannung (f) tension; **Spannungsreduktion** tension reduction

spastisch (adj) spastic

Spätdienst (m) **Spätschicht** (f) late shift, back shift

Speiseraum (m) *(Schule)* re-

fectory, canteen
Spende (f) donation
Spenden sammeln fund-raising
Sperrholz (n) plywood
Spiel (n) game; *(Sport)* match
Spiel mit Matsch und Pampe messy play
Spiel- und Beschäftigungsgaben *(pl) (Fröbel)* Gifts and Occupations
Spielalter (n) play age
Spielecke (f) *(für künstlerische Aktivitäten)* creative corner
Spielecke (f) *(im Gruppenraum)* play area, interest area
spielen (v) to play
spielerisch (adj) playful
Spielfeld (n) playing field
Spielgebiet für Rollenspiele innerhalb eines Gruppenraums imaginative play area
Spielgelände (n) play space; **eingezäuntes ~** enclosed play space
Spielgruppe (f) playgroup
Spielkamerad(in) (m,f) playmate
Spielkarte (f) playing card
Spielplatz (m) playground
Spieltherapie (f) play therapy
Spieltrieb (m) play drive
Spielwarengeschäft (n) toy shop
Spielzeug (n) toy, plaything, play materials; **~ Auto**, **~ Tiere** *usw*. toy car, -animals *etc*.
Spielzeugtag (m) show and tell day
Sport (m) *(Schulsport)* games; P.E. (physical education)
Sportplatz (m) playing field
Sportunterricht (m) physical education (PE)
Sportwagen (m) *(für Kinder)* pushchair, baby buggy *(Brit)*
Sprachbegabung (f) linguistic aptitude
Sprachbildung (f) language formation
Sprachenmischung (f) mixture of languages
Spracherwerb (m) language development, acquisition of language, language acquisition
Sprachfehler (m) speech defect, speech impediment
Sprachfertigkeit (f) language proficiency
Sprachgebrauch (m) use of language
Sprachkompetenz (f) language skills

sprachliche Entwicklung (f) linguistic development

sprachliche Merkmale (n,pl) linguistic features

Sprachschädigung (f) speech defect

Sprachstörung (f) speech disorder

Sprachtherapie (f) speech therapy

Sprachverlust (m) aphasia, loss of speech

Sprachvermögen (n) faculty of speech, speech faculty

sprechen (v) to speak, to talk; **kann das Kind schon ~?** can the baby talk yet?

Sprechstörung (f) vocal disorder

Springseil (n) skipping rope

Sprossenwand (f) wall bars

staatlich anerkannte(r) Erzieher(in) (m,f) (D) certified educator; certified youth and childcare worker

staatlich anerkannte(r) Kinderpfleger(in) (m,f) (D) certified nursery worker

staatlich finanziert state-funded

staatlich finanzierte Einrichtung (f) state subsidized facility

staatliche Subvention (f) state subsidy

staatliche Unterstützung (f) state support

staatlicher Träger (m) statutory agency / body

staatliches Bildungswesen (n) state education

Staatsbesitz (m) public ownership

städtisch (adj) urban

Stadtrat (m) *(Behörde)* city / town council; *(Person)* city / town councillor

Stadtsanierung (f) urban renewal

Stadtverwaltung (f) municipal authority

Standesamt (n) registry office, registry

stationäre Erziehungshilfen (f,pl) residential provision for children with problems

statistische Erhebung (f) polling study

stattfinden (v) to take place

Steißgeburt (f) breech birth, breech delivery

Steißlage (f) breech presentation

Stelle (f) *(Arbeits-)* job; **volle / halbe ~** full-time / part-time job; **sich um eine ~ bewerben** to apply for a job; **eine ~ bekommen** to get a job; **eine ~ kündigen** to give up a job

Stellenbeschreibung (f) job description
Stellenbesetzung (f) staffing
Stellenvermittlung (f) employment agency, employment bureau
stellvertretende(r)… deputy..
Steuerbefreiung (f) tax exemption
Steuerfreibetrag für Kinder children exemption (US)
Steuervergünstigung (f) tax benefit
Stieffamilie (f) blended family
Stiefkind (n) stepchild
Stiefmutter stepmother
Stift (m) pencil, pen
Stiftung (f) foundation; **gemeinnützige ~** charitable foundation, charity; **~ des öffentlichen Rechts** public foundation, foundation under public law
stillen (v) *(ein Baby)* to breast-feed, to nurse
stillende Mutter (f) nursing mother
Stillkind (n) breast-fed child
Stimmbruch (m) breaking of the voice
Stipendium (n) grant, fellowship, scholarship
Stoff (m) *(Textilien)* cloth, material; *(allgemein)* material; *(Chemie)* substance
Stoffpuppe (f) rag doll
Stoffwechselerkrankung (f) metabolic | disease, ~ disorder
stören (v) to disrupt, to disturb
Störenfried (m) troublemaker
Störung (f) disturbance, *(psych)* disorder, *(techn)* fault, interruption
stottern (v) to stutter
Strafarbeit (f) written punishment, extra work
Strafe (f) punishment
Straffälligkeit (f) delinquency
Straftäter(in) (m,f) delinquent, criminal, offender; **jugendliche(r) ~** young offender, juvenile delinquent
Strampler (m) Babygro ®
Straßensozialarbeit (f) street work
streben nach (v) to aspire to
Streichelzoo (m) petting zoo, petting farm
Streit (m) dispute, quarrel
Streitschlichter(in) mediator
streiten (v) to argue, to quarrel, to fight
Strichmännchen (n) stick figure
Struktur (f) pattern
Stubenarrest haben be con-

fined to one's room, to be grounded
Student(in) (m,f) *(Universität)* undergraduate, university student
Studentenheim (n) hall of residence
Studien zur Gleichstellung von Frauen und Männern gender studies
Studiengebühr (f) tuition fee
Studienreise (f) study visit
Studierende(r) (f,m) student
Stuhlkreis (m) circle time
stumm (adj) mute
Stunde (f) *(Unterrichts-)* session
Stunden|plan (m) timetable, schedule; **~protokoll** session record
Stützräder (n,pl) *(Fahrrad)* stabilizers, stabilizing wheels; training wheels (US)
Subventionen (f,pl) subsidies
suchen (v) to look for somebody / something, to search
Sucht (f) addiction, *(fig)* obsession
süchtig sein (adj) be addicted
Süchtige(r) (f,m) addict
Supervision (f) tutorial supervision
süß (adj) *(fig)* cute
symbolische Darstellung (f) symbolic representation

T

Tabelle (f) table, chart
Tadel (m) reprimand
tadeln (v) to rebuke, to criticize, to disapprove
Tagebuch (n) diary
Tagegeld (m) daily allowance
Tagesablauf (m) daily routine, daily schedule
Tagesausflug (m) day trip, excursion
Tageseinrichtung (f) day unit
Tageseinrichtung für Kinder day care centre; day care establishment for children; day care institution
Tageseltern, selbstständige (pl) self-employed childminders
Tagesmutter (f) childminder, day care mother, family daycarer, babyminder
Tagesmutter, hauptberufliche, eingetragene (f) registered childminder
Tagesordnung (f) agenda
Tagesordnungspunkt (m) item

Tagespflege (f) child minding, day care
Tagespflegestelle (f) family daycare
Tagesplan (m) daily rota (Brit); daily roster (US)
Taschengeld (n) pocket money, allowance, spending money
Taschenlampe (f) penlight, torch
Taschenmesser (n) jackknife, penknife
Tastmaterialien (n,pl) heuristic play materials, tactile play materials
Tastsinn (m) sense of touch, tactile sense
taub (adj) deaf
tauber Mensch (m) person with a hearing impairment
taubstumm (adj) deaf-mute
Taufe (f) baptism, christening
taufen (v) to baptize, to christen
Taufname (m) Christian name
Teamarbeit (f) team effort
Teamfortbildung (f) team building
Teenager-Schwangerschaft (f) teenager pregnancy, teen pregnancy
teilen, sich etwas ~ (v) to share
Teilnahme (f) participation, *(Anteilnahme)* sympathy
Teilnahmebescheinigung (f) certificate of attendance
teilnahmslos (adj) listless, apathetic, uninterested
teilnehmen (v) to attend, to take part, to participate
teilnehmende Beobachtung (f) participant observation
Teilnehmer(in) (m,f) participant
teilstationäre Erziehungshilfen (f,pl) partly residential provision for children with problems
teilweise behindert partially disabled
teilzeit (adj) part-time
Teilzeitarbeit (f) part-time work, part-time job
Teilziele (n,pl) stepping stones
Teilzeitbetreuung (f) part-time care
Tempo-Taschentuch ® (n) paper tissue, kleenex®
Terminkalender (m) diary
tertiäres Bildungssystem (n) further education
Tesafilm ® (m) Sellotape ® (Brit); Scotch tape ® (US)
Teufelskreis (m) vicious circle
Theater|spiel (n) drama;

~gruppe drama group; **~pädagoge** drama educator
Themenfeld *(päd)* subject area
Therapeut(in) (m,f) therapist
therapeutisch (adj) therapeutic
therapeutische Unterstützung (f) therapeutic support
therapeutische Wohngemeinschaft (f) therapeutic community
therapeutisches Reiten (n) hippotherapy
Therapie (f) therapy; **tiergestützte** ~ animal assisted ~
Toleranz (f) tolerance
Tonfall (m) speech pattern
Töpfchen (n) potty
tot geboren (adj) still born
Totgeburt (f) stillbirth
Träger (m) *(einer Einrichtung)* provider, agency, agency responsible for a sector of work; > *freier ~; > öffentlicher ~; > staatlicher ~*
Träger der öffentlichen Jugendhilfe bodies responsible for the statutory youth services
Tragetuch (n) *(für Babys)* sling
Trainingsanzug (m) track suit
Trauschein (m) marriage certificate
Trauung (f), **standesamtliche** civil marriage
Trennung (f) *(auch ehelich)* separation, splitting-up; *(soz)* segregation; **Rassentrennung** racial segregation; **Schule mit Rassentrennung** segregated school
Trennungsangst (f) separation anxiety
Trieb (m) *(psych)* drive, impulse
Trinkflasche (f) baby bottle
trösten (v) to console, to comfort
Trotz (m) defiance
Trotzalter (n) difficult age
Trotzreaktion (f) act of defiance
Tugend (f) virtue
Tumult (m) uproar
Tür und Angel, zwischen in passing
Turnanzug (m) leotard
Turnhalle (f) gym, gymnasium
Turnschuh (m) trainer, plimsoll, gym-shoe

U

üben (v) to revise
überängstlich (adj) over-anxious
überbehütend (adj) over-protective
überbehütet (adj) over-watched
überbetriebliche Ausbildung (f) joint vocational training
Übereinkommen über die Rechte des Kindes Convention on the Rights of the Child (United Nations, 1989)
Übereinkunft (f) agreement, arrangement, understanding; **~ erzielen** to reach an agreement
überempfindlich (adj) hypersensitive
Überempfindlichkeit (f) *(gegenüber Kritik)* defensiveness
Überfluss (m) abundance, affluence
überfordern (v) to expect too much of sb.; (*bezogen auf Arbeitsbelastung:*) overburdened
überfordert sein it's expecting too much of sb.,.
Übergabe (f) *(Schichtwechsel)* shift hand-over
Übergang (m) transition; weicher, **konfliktfreier ~** smooth transition
Übergangsregelung (f) temporary arrangement
übergewichtig (adj) obese, overweight
Überlebenstechniken (f,pl) survival skills
Überlegenheitsgefühl (n) feeling of superiority
Übersetzer(in) (m,f) translator > *Dolmetscher(in)*
Übersetzung (f) translation
Übersicht (f) survey
Überstunden (f,pl) overtime; **~ machen** to work overtime
überwinden (v) to overcome
Übung (f) *(Praxis)* practice, *(Aufgabe)* exercise
umarmen (v) to hug somebody, to embrace
umerziehen (v) re-educate
umfassend (adj) comprehensive
umfassende Angebote (n,pl) wrap-around provision
Umfeld (n) setting, environment
Umformung (f) transformation
Umgebung (f) environment;

anregende, unterstützende ~ warm, supportive environment
Umhüllung (f) *(päd)(schema)* envelopment
Umschulung (f) retraining
Umstandskleid (n) maternity clothes, maternity dress
Umwelt (f) *(natürliche)* environment; *(Umfeld)* setting
umweltbewusst (adj) ecology-minded
Umweltbewusstsein (n) environmental awareness
Umwelteinflüsse (m,pl) environmental influences
Umwelterziehung (f) environmental education
umweltfeindlich (adj) ecologically harmful
umweltfreundlich (adj) ecologically beneficial, beneficial to the environment
Umweltlabor (n) environment laboratory
Umweltschutz (m) environmental protection
Umweltschützer(in) (m,f) environmentalist
Umweltverschmutzung (f) environmental pollution
umziehen (v) *(Wohnungswechsel)* to move house, to move home, *(Kleidung)* to change
unabsichtlich (adj) involuntary; **unabsichtliche Bewegung** involuntary movement
unangemessen (adj) inappropriate
unangenehmer Reiz (m) aversive stimulus
unangepasst (adj) nonconformist; *(gesellschaftlich)* alienated
unangepasstes Verhalten (n) maladjusted behaviour
unaufdringlich (adj) unobtrusively
unbeaufsichtigt (adj) unattended
unbeeinträchtigt (adj) unimpaired
unbeholfen (adj) awkward, clumsy
unbewusst (adj) unconscious
Unbewusste(s) (n) the unconscious
unbezahltes Volontariat (n) unpaid traineeship
unerlaubt (adj) unauthorized
unerreichbar (adj) unavailable
unerträglich (adj) unbearable
unerwünscht (adj) unwanted
unfähig (adj) unable, incompetent
Unfähigkeit (f) inability
unfreiwillig (adj) involuntary

Unfruchtbarkeit (f) infertility
Unfug (m) mischief; **~ anstellen** to horseplay, to fool around
ungebildet (adj) uneducated
ungeboren (adj) unborn
ungebunden (adj) unattached
ungehemmt (adj) uninhibited
ungeschickt (adj) awkward, clumsy, careless
ungeteilte Aufmerksamkeit (f) undivided attention
ungeübt (adj) untrained, inexperienced
Ungewissheit (f) uncertainty
ungewöhnlich (adj) unusual, uncharacteristic
ungewohnt (adj) unaccustomed
ungezogen (adj) misbehaved, naughty, ill-mannered
Ungleichheit (f) inequality; **soziale ~** social inequality
unheilbar (adj) incurable
unheilbare, tödlich verlaufende Krankheit terminal disease
unhöflich (adj) rude, impolite
Unklarheit (f) ambiguity, uncertainty
unkontrollierbar (adj) unmanageable
unnachgiebig (adj) rigid
UN-Organisation für Erziehung, Wissenschaft und Kultur United Nations Educational, Scientific and Cultural Organization (UNESCO)
unqualifiziert (adj) unskilled, unqualified
unreif (adj) immature
Unsicherheit (f) insecurity
Unstimmigkeit (f) inconsistency
unter vier Augen on a one-to-one basis
unterbezahlt (adj) underpaid
unterdrücken (v) to keep down, to suppress, to oppress
Unterdrückung (f) repression
unterernährt (adj) malnourished, underfed
Unterernährung (f) malnutrition
unterfordern (v) make too few demands on sb.; to not challenge somebody enough
Unterhalt (m) maintenance (payment)
Unterhalt leisten to maintain, to pay maintenance
Unterhaltshilfe (f) maintenance assistance
Unterhaltspflicht (f) maintenance responsibility
Unterhaltszahlung (f) alimony

Unterhaltszahlung für Kinder child maintenance, child support
Unterlagen (f,pl) records
untermauern (v) *(fig)* to underpin
Untermieter(in) (m,f) subtenant
unterprivilegiert (adj) deprived
Unterricht (m) lesson; **theoretischer ~** theoretical classes, **praktischer ~** practical classes; ~ **nehmen** to take lessons
unterrichten (v) to instruct, to teach
Unterrichtseinheit (f) teaching module, teaching unit
Unterrichtserfahrung (f) teaching experience, teaching practice
Unterrichtsfach (n) subject
Unterrichtshilfe (pädagogische **~**) teacher's aide
Unterrichtsstoff (m) subject matter
Unterrichtsstunde (f) lesson, period, session
unterscheiden (v) to discriminate, to distinguish, to tell the difference between things; **sich ~** to differ from
Unterschicht (f) lower class
unterschiedlich behandeln to discriminate between
unterstellen (v) *(annehmen)* to assume
unterstützen (v) to encourage, to support, to back (up)
Unterstützung (f) *(Hilfe, auch finanziell)* support; *(Entlastung)* relief
untersuchen (v) to investigate
unverändert (adj) unaltered, unchanged
unveräußerliche Rechte inalienable rights
unvereinbar (adj) incompatible
unverheiratet zusammenlebendes Paar (n) cohabiting couple
unvertraut (adj) unfamiliar
unvollständige Familie (f) incomplete family
unvorbereitet (adj) unprepared
unvoreingenommen (adj) unbiased
unvorhersehbar (adj) unpredictable
unzählbar (adj) uncountable
unzuverlässig (adj) unreliable
Urenkel(in) (m,f) great-grandchild
Urgroßvater (m) great-grandfather
Urlaub (m) leave, holiday, vacation; **Jahresurlaub** an-

nual leave; **Genesungsurlaub** sick leave; **Mutterschaftsurlaub** maternity leave; **auf ~ sein** to be on leave

Ururgroßvater (m) great-great-grandfather

Urvertrauen (n) basic trust

V

Vaterschaft (f) fatherhood, paternity

Vaterschaftsprozess (m) paternity suit

Vaterschaftstest (m) paternity test

Vaterschaftsurlaub (m) paternity leave

Vegetarier(in) (m,f) vegetarian

vegetarische Kost (f) vegetarian diet

verantwortlich (adj) responsible; **wer ist hier ~ ?** who's in charge here?

verantwortlich machen (v) blame somebody, hold somebody responsible

Verantwortliche(r) (f,m) person responsible; person in charge

Verantwortlichkeit (f) responsibility

Verantwortung (f) responsibility

Verarmung (f) impoverishment

verbaler Ausdruck (m) verbal expression

verbessern (v) to improve

verbieten (v) to ban, to forbid

Verbitterung (f) bitterness; *(Groll)* resentment

verbundene Augen blindfolded

verbundenes Verhalten (n) *(psych)* linked behaviour

Verbundenheit (f) *(päd)* connection

Verdrängung (f) *(psych)* repression

Vereinzelung (f) individuation

verfremden (v) to alienate

Verfügungszeit (f) non-contact time

Vergewaltigung (f) rape

vergleichend (adj) comparative

verhalten (v) to behave

Verhalten (n) behaviour; **abweichendes ~** deviant behaviour; **angeborenes ~** innate behaviour; **unangepasstes ~** maladjusted behaviour; **provozierendes / herausforderndes** ~ challenging behaviour

Verhaltensänderung aufgrund von Erfahrung operational learning

verhaltensauffällig (adj) maladjusted, disturbed, displaying behavioural problems

Verhaltensauffälligkeit (f) deviant behaviour, behavioural disorder, behavioural problems

Verhaltensbeobachtung (f) behaviour observation

Verhaltensbeobachtung bei Kindern child study

Verhaltenserwartung, die das erwartete Verhalten auslöst self-fulfilling prophecy

Verhaltensmuster (n) behavioural pattern, pattern of behaviour, schema [ski:ma]

Verhaltensschema (m) schema [ski:ma]

Verhaltensstörung (f) behavioural disorder, behavioural disturbance

Verhaltenstherapie (f) *(psych)* conditioning therapy, behavioural therapy

Verhältnis (n) relationship

Verinselung (f) *(soz)* islandization

Verkehrserziehung (f) road safety training

Verkleidungen (f,pl) *(Kleidung)* disguise, *(weitere Requisiten)* props, fancy dress

Verkleidungsecke (f) *(im Gruppenraum)* fancy dress corner

verkraften (v) to cope

Verlangen (n) urge, desire, craving

verlassen (v) to leave, to desert, to abandon

verlockend (adj) tempting

Verlust (m) loss

Vermeidung (f) *(psych)* aversion; avoidance

Vermeidungsverhalten (n) *(psych)* avoidance behaviour

vermitteln (v) *(im Konflikt)* to mediate, to negotiate, to abitrate; jmd. etwas ~ to convey sth. to someone

Vermittler(in) (m,f) *(Konflikte)* moderator, mediator, facilitator

Vermittlung (f) *(Konflikte)* mediation

Vermittlungsausschuss (m) mediation committee

vernachlässigen (v) to neglect; **vernachlässigtes Kind** neglected child

vernachlässigt (adj) uncared for, neglected
Vernachlässigung (f) negligence
Vernachlässigung durch die Eltern parental neglect
Vernunft (f) reason, common sense
Vernunftehe (f) marriage of convenience
vernünftig (adj) reasonable, sensible
Verpflichtung (f) committment
verpfuschen (v) to mess up
Verrückte(r) (f,m) maniac, lunatic, madman (madwoman)
Versammlung (f) assembly, meeting
Verschiedenheit (f) diversity
verschlechtern (v) to make something worse, to get worse, to worsen, to aggravate
Verschlechterung (f) *(psych)* regression; deterioration
verschleiert (adj) *(Frau)* veiled
Verschluss (m) *(bei Kleidungsstücken)* fastening
verschmutzen (v) *(Umwelt)* to pollute
Verschwendung (f) waste
Versetzung (f) (päd) moving up
versöhnen (v) to reconcile
Verstand (m) (common) sense
Verständnis (n) *(Einfühlungsvermögen)* understanding, appreciation
verständnisvoll (adj) understanding, sympathetic
verstärken (v) *(psych)* to reinforce
Verstärkung (f) reinforcement; **negative ~** negative reinforcement
Versteck (n) hideaway, hiding place
Verstecken spielen to play hide-and-seek
Versuch und Irrtum trial and error
vertieft (adj) absorbed
Vertrag (m) agreement, contract
Vertrauen (n) confidence, trust
vertraulich (adj) confidential
vertraut (adj) familiar; **~ sein mit** to be familiar with; **sich vertraut machen mit** to familiarize oneself with
Vertretung (f) *(päd) (fig)* advocacy
Vertretungslehrer(in) (m,f) supply teacher, substitute teacher

Verursacherprinzip (n) *(Umweltschutz)* polluter pays principle
verwahrlost (adj) destitute, neglected
Verwahrlosung (f) destitution, neglect
verwalten (v) to administer, to manage
Verwaltung (f) administration; **örtliche ~** local administration, **Gemeinde~** local authority
Verwaltungsrat (m) board of managers
Verwandte(r) (m,f) relation, relative
Verwandtschaftsverhältnis (n) relationship
verwirrend (adj) confusing
verwöhnen (v) to pamper, to spoil
verwöhnt (adj) pampered, spoilt
Verzögerung (f) *(psych)* retardation
Vesper (f) *(Zwischenmahlzeit am Nachmittag)* (D) tea (Brit)
Vielfalt (f) diversity, variety
vielfältig (adj) diverse
Vielvölkergesellschaft (f) multi-ethnic society
Vierfüßer-Gang (m) creeping on hands and feet
Vierling (m) quadruplet
visuelles Wahrnehmungsvermögen (n) visual perception
Volkshochschule (f) adult education centre
Volkskindergarten (m) people's day nursery
Volksmärchen (n) folktale
vollbringen (v) to achieve, to accomplish, to perform
volljährig (adj) of age; **~ sein / werden** to be / to come of age; **volljährig werden** (v) to reach one's majority
Volljährigkeit (f) majority
Volljährigkeitsalter (n) age of majority
Vollwertkost (f) wholefood
Vor- und Nachbereitungszeit für Erzieher(innen) non-contact time
vorangegangene Erfahrungen (f,pl) previous experience
vorbereiten (v) to prepare
vorbereitete Umgebung (f) prepared environment
Vorbeugung (f) prevention
Vorbild (n) model
voreingenommen (adj) biased, prejudiced
Voreingenommenheit (f) bias, prejudice
vorgeburtlich (adj) antenatal,

prenatal
vorgeburtliche Betreuung prenatal care
vorgefasste Meinung (f) preconceived idea
Vorherrschaft (f) predominance
Vorkenntnisse (f,pl) previous experience
Vorklasse (f) reception class
Vorklassenleiter(in) (m,f) reception teacher
Vormittagsbetreuung (f) morning session (in childcare)
Vormund (m) guardian
Vormundschaft (f) guardianship
Vormundschaftsgericht (n) guardianship court
Vorname (m) first name, Christian name
Vorschrift (f) regulation
Vorschul-, vorschulisch (adj) preschool
Vorschulalter (n) preschool age
Vorschulerziehung (f) preschool education
vorschulische Einrichtungen (f,pl) pre-school facilities
vorschulische Erziehung (f) preschool education
Vorschulklasse (f) reception class, preparatory class, preschool class
Vorsichtsmaßnahme (f) preventive measure, safeguard, precaution
vorstellen (v) **sich ~** to introduce oneself; *(sich etwas einbilden)* to think of, to imagine
Vorstellung (f) *(geistige)* idea, concept
Vorstellung, gegenseitige *(sich bekannt machen)* (reciprocal) introduction
Vorstellungskraft (f) powers of imagination
Vorstudie (f) pilot study
Vortrag (m) talk; **einen ~ halten** to give a talk
vorübergehend (adj) temporary
Vorurteil (n) prejudice, bias; **Erziehung gegen ~e und Rassismus** anti-bias education
vorurteilsbewusste Erziehung (f) bias awareness education
vorurteilsfrei (adj) unbiased, unprejudiced

W

wachsen (v) to grow; **bist du aber gewachsen!** haven't you grown!
Wachsmalstift (m) wax crayon
Wachspapier (n) wax paper
Wachstum (n) *(Zunahme)* growth, increase; *(Geschäft)* expansion
Wachstumsschmerzen (m,pl) growing pains
Wachstumsschub (m) growth spurt
Wachstumsstörung (f) disturbance of growth
Waghalsigkeit (f) audacity
Wahlfach (n) facultative subject
wahlfrei (adj) optional
wahrnehmen (v) to perceive
Wahrnehmung (f) *(psych)* cognition; *(Sinneswahrnehmung)* perception; **Entwicklung der ~** development of perception
Wahrnehmungsfähigkeit (f) perceptual ability, perceptive faculty
Waise (m,f) orphan, parentless child
Waisenhaus (n) orphanage
Wasserspielfläche (f) water play area
Wechselseitigkeit (f) reciprocity
Wechselspiel (n) interplay
Wechselwirkung (f) interaction, interdependence
Wehen (f,pl) labour, contractions, pains (US); **~ einleiten** induce labour; **in den ~ liegen** to be in labour
Wehrdienst (m) (national) military service
Wehrdienstverweigerer (m) *(aus Gewissensgründen)* (D) conscientious objector
weiblich (adj) female
Weihnachten (n) Christmas, Xmas; **erster Weihnachtstag** Christmas Day; **zweiter Weihnachtstag** Boxing Day
Weiterbildung (f) further education, further training, in-service further training
werdende Mutter (f) mother-to-be
Werkraum (m) craft shop
Werkstatt (f) *(Raum, Veranstaltung)* workshop
Werkunterricht (m) craft classes
Werte (m,pl) *(soz)* values; **Grundwerte** basic values
wertschätzen (v) to value

Wertschätzung (f) esteem
Wertorientierung (f) orientation in values
Wertung (f) valuation
wertvoll (adj) valuable
wesentlich (adj) essential, substantial
wesentlicher Bestandteil (m) intrinsic part
wickeln (v) *(ein Baby)* to change a baby, to put on / change a baby's nappy (Brit) / diaper (US); *(eng einwickeln)* to swaddle a baby; > *Windel*
Wickelraum (m) baby's changing room, nursing room
Wickeltisch (m) baby's changing table
widersprechen (v) to answer back; **widersprich mir nicht!** don't answer back!
widersprüchlich (adj) inconsistent, contradictory
Widersprüchlichkeit (f) inconsistency
Wiedereingliederung (f) reintegration
wiederholen (v) *(ein Schuljahr)* repeat a year
Wiege (f) cradle
Windel (f) *(aus Stoff)* nappy (Brit); diaper (US); **>** *wickeln, > Papierwindel*
Windelausschlag (m) nappy rash; diaper rash (US)
Windeldermatitis (f) nappy rash
Windeleinlage (f) nappy liner
Windpocken (pl) chicken pox
Wippe (f) see-saw; *(für Babys)* baby rocker; cozy (US)
wippen (v) to see-saw
Wirbelsäule (f) spinal column, spine
wissenschaftliche Arbeit (f) academic work
Wochenbett (n) child-bed
Wohlbefinden (n) well-being
Wohlfahrt (f) welfare; **von der ~ leben** to live on welfare
Wohlfahrtsorganisation (f) welfare organization
Wohlfahrtsstaat (m) welfare state
Wohlfahrtsverband (m) charity, charitable institution
wohlhabend (adj) to be better off, affluent, well-to-do, prosperous
Wohlstandsgesellschaft (f) affluent society
Wohlstandsverwahrlosung (f) demoralization by affluence
wohltätig (adj) charitable
wohltätige Organisation (f)

charity, charitable society
Wohnbereich (m) > *Wohnecke*
Wohnblock (m) block of flats, tenement block
Wohnecke (f) *(im Gruppenraum)* home play area, domestic play area
Wohngebiet (n) residential area, residential district
Wohngeld (n) housing benefit
Wohngemeinschaft (f) communal living, flat- sharing; **betreute ~** communal living with social worker support; assisted-living community
Wohnheim (n) residential centre
Wohnheim in einem Internat residential unit
Wohnheim-Mitarbeiter(in) (m,f) residential care officer
Wohnsiedlung (f) housing estate
Wohnsitz (m) *(ständiger)* residence, place of residence
Wohnung (f) flat, apartment; **sich eine ~ einrichten** to set up home
Wolfskind (n) *(in einer Tiergesellschaft aufgewachsenes Kind; wildes Kind)* feral child
wörtlich (adj) literal; **wörtliche Übersetzung** literal translation
Wortschatz (m) vocabulary; **passiver / aktiver ~** passive / active vocabulary
Wunderkind (n) child prodigy, infant prodigy
Wundsein (n) *(beim Säugling)* diaper rash (US); nappy rash (Brit)
Wunsch (m) desire, wish, request
Wunschdenken (n) wishful thinking
Wunschkind (n) wanted child
Würde (f) dignity; **menschliche Würde** human dignity
würdigen (v) to appreciate, to acknowledge
würfeln (v) to play dice
Würfelspiel (n) dice game, game of dice
Wut (f) anger, fury, rage
Wutanfall (m) fit of rage; tantrum, temper tantrum
wütend (adj) furious, to be mad

Z

Zahlung (f) payment
zahnen (v) to teethe; **Periode**

des Zahnens teething stage
Zahnfee (f) tooth fairy
Zankapfel (m) bone of contention
zärtlich (adj) affectionate
Zeichenblock (m) drawing block
zeichnen (v) to draw
Zeichnung (f) drawing
Zeigefinger (m) index finger
Zeit, die eine Erzieherin mit dem Kind verbringt contact time
Zensur (f) > *Note*
zentrale Zielsetzung (f) core aims and objectives
zerrüttete Familienverhältnisse broken home; **zerrüttete Ehe** broken marriage
Zerstörungswut (f) vandalism
Zeugnis (n) certificate, school report
Zeugungsunfähigkeit (f) male infertility
Ziegenpeter (m) mumps
Ziel (n) aim
zielgerichtete Intervention (f) focused intervention
Zielgruppe (f) target group
Zielsetzung (f) objective; **Hauptziel** main objective
Zirkulärreaktion (f) circular reaction
Zivildienst (m) (D) (*Abk. coll:* **Zivi**) compulsory non-military national service; **~ Leistender** person on compulsory non-military national service *(veraltet, heute: > Bundesfreiwilligendienst)*
Zone der aktuellen Entwicklung zone of actual development
Zone der nächsten Entwicklung zone of proximal development
Zorn (m) anger
zornig (adj) angry
Zufall (m) contingency
Zufallsbeobachtung (f) random observation
Zufluchtsort (m) *(fig)* haven
Zufriedenheit (f) contentment, satisfaction
zuführen (v) *(Nahrung)* to feed
Zugangstest (m) admission test
Zugangsvoraussetzung (f) entry requirement
Zugehörigkeit (f) belonging, attachment; **der Begriff der ~** the concept of attachment; **ein Gefühl der ~** a sense of belonging
Zuhause (n) home; **aus einem kaputten ~ kommen** to come from a broken home

Zulassungsbedingungen (f,pl) conditions of admission

Zulassungsbeschränkung (f) restriction on admission

Zulassungszahl (f) intake

Zunahme (f) increase

Zuneigung (f) affection (**zu** for, towards)

Zungenbrecher (m) tongue twister, jaw-breaker

zurückgeblieben (adj) retarded, backward, **geistig ~** mentally retarded

zurückweisen (v) to reject

zurückziehen, sich (v) to withdraw

Zusammenarbeit mit Eltern working together with parents

zusammenbleiben (v) to keep together, to stay together

Zusammenfassung (f) summary, résumé, *(schriftlich)* précis

zusammenflicken (v) to patch together, to patch up

zusammengehörendes Verhalten (n) linked behaviour

Zusammenkunft (f) reunion

zusammenwachsen (v) to grow together

Zusatz- *(in Zusammensetzungen) (im Sinne von Ergänzung:)* supplementary; *(im Sinne von Assistenz:)* auxiliary

Zusatzangebot (n) supplementary service

Zusatzausbildung (f) supplementary training

Zusatzleistung zum Gehalt (n) fringe benefit

Zuschuss (m) allowance

zustande bringen (v) to achieve

zuständig (adj) responsible, to be in charge; **wer ist hier zuständig?** who's in charge here?

Zuständigkeitsbereich (m) area of responsibility

zustimmen (v) *(einwilligen)* to consent, *(einer Meinung)* to agree, *(billigen)* to approve

zuteilen (v) *(z.B. Finanzmittel)* to allocate, *(jemandem eine Rolle ~)* to assign a role to somebody

Zuverlässigkeit (f) reliability

Zuwanderer, Zuwanderin (m,f) migrant

Zuwendung (f) *(finanziell)* benefit, contribution, support; *(emotional)* love and care

Zuwendungsempfänger(in) (m,f) recipient of a grant

Zwang (m) *(Notwendigkeit)*

compulsion; *(Gewalt)* force; *(Druck)* pressure; **gesellschaftliche Zwänge** social constraints

zwanglos (adj) unconstrained

Zwangsvorstellung (f) obsession

Zweideutigkeit (f) ambiguity

zweisprachig (adj) bilingual; **zweisprachige Erziehung** bilingual education

Zweisprachigkeit (f) bilingualism

Zweiter Bildungsweg (m) evening school

zweiter Vorname (m) middle name, second forename

Zweitsprache (f) second language

Zweitspracherwerb (m) second language learning / acquisition

zwiespältig (adj) ambivalent, ambiguous

Zwiespältigkeit (f) ambivalence

Zwilling (m) twin; eineiige **Zwillinge** identical twins; **zweieiige Zwillinge** fraternal twins

Zwischenbericht (m) interim report

zwischenmenschlicher Kontakt (m) interpersonal contact

Zwischenprüfung (f) interim examination

ANHANG: REDEWENDUNGEN FÜR DIE GESPRÄCHSFÜHRUNG UND BERATUNG AUF ENGLISCH / DEUTSCH VON NADINE SEILER UND DENIS JUDGE[1]

1. Ich-Botschaften, Gefühle ausdrücken / I-messages, expression of feelings

I can't help feeling that…
Ich werde den Eindruck nicht los, dass…
I can't help feeling that there is more to this issue than you are telling me.
Ich werde den Eindruck nicht los, dass da mehr an der Sache dran ist, als Sie mir erzählen.

It feels to me as if…
Es hat für mich den Anschein, dass…
Ich habe das Gefühl, dass…
It feels to me as if there may be another way to look at this.
Ich habe das Gefühl, dass man die Sache auch aus einem anderen Blickwinkel betrachten kann.

I have this hunch that…
Ich habe das Gefühl, dass…
I have this hunch that autonomy is very important to you.
Ich habe das Gefühl, dass Eigenständigkeit für Sie sehr wichtig ist.

[1] Seiler, N. / Judge, D.: Helfende Gespräche auf Englisch, Seiler Publishing, London 2012

My gut feeling is that…
Mein Bauchgefühl / Meine innere Stimme sagt mir, dass…

My gut feeling is that you are deeply unhappy. What is your gut feeling?
Mein Bauchgefühl sagt mir, dass Sie sehr unglücklich sind. Was sagt Ihre innere Stimme?

My feeling is that…
Ich habe das Gefühl (*oder* den Eindruck), dass…

My feeling is that you are very angry with your daughter.
Ich habe das Gefühl, dass Sie sehr wütend auf Ihre Tochter sind.

I have a feeling that…
Ich habe das Gefühl, dass…

I have a feeling that you are ready to move on to the next stage.
Ich habe das Gefühl, dass Sie bereit sind, den nächsten Schritt zu wagen.

I can see that you feel…
Ich kann erkennen, dass Sie sich …fühlen.

I can see that you feel sad.
Ich sehe, dass Sie traurig sind.

The picture I'm getting is one of...
Das Bild, das sich mir erschließt, ist...
Der Eindruck, den Sie mir vermitteln, ist...

The picture I'm getting is one of overall satisfaction with the way things are going.
Der Eindruck, den Sie mir vermitteln ist, dass Sie zufrieden damit sind, so wie die Dinge laufen.

It seems (to me) that…
Es scheint (mir) / Ich habe den Eindruck / Ich denke, dass…
It seems to me that you have achieved an awful lot in a short space of time.
Es scheint, dass Sie unheimlich viel in einer kurzen Zeit erreicht haben.

I (can) sense that…
Ich habe das Gefühl / Ich spüre, dass…
I can sense that you feel distraught about what has happened.
Ich kann spüren, dass Sie verzweifelt darüber sind, was passiert ist.

You strike me as someone who is…
Ich habe den Eindruck, dass Sie…
Sie kommen mir…vor
You strike me as someone who is clear and realistic in his thinking.
Ich habe den Eindruck, dass Sie jemand sind, der klar und realistisch in seinem Denken ist.

I've noticed (recently) that…
Ich habe (in letzter Zeit) bemerkt, dass…
Mir ist (in letzter Zeit) aufgefallen, dass…
I've noticed recently that you've been quite withdrawn / more outgoing.
Mir ist in letzter Zeit aufgefallen, dass Sie in etwas verschlossener waren / mehr aus sich herausgegangen sind.

2. Etwas überlegen, reflektieren / reflections

to be reflective
nachdenklich sein
You seem to be in a reflective mood.
Sie sehen nachdenklich aus.

to reflect on / about something
über etwas nachdenken, etwas reflektieren
What you are saying reflects the way I have been thinking.
Was Sie sagen, spiegelt meine eigenen Gedanken wider.

to have a think about something
über etwas nachdenken, sich etwas überlegen
Have a think about it and let me know.
Überlegen Sie es sich und geben Sie mir Bescheid.

to take something into consideration
etwas berücksichtigen / in Erwägung ziehen
You should take into consideration the additional opportunities this might open up for you.
Sie sollten die zusätzlichen Möglichkeiten erwägen, die sich Ihnen dadurch eröffnen würden.

to think of something
sich etwas überlegen / einfallen lassen
über etwas nachdenken
No one can do this for you. You have to think of a solution that will work for you.
Keiner kann das für Sie übernehmen. Sie müssen eine Lösung finden, die für *Sie* richtig ist.

to think things through
etwas durchdenken
Andrew is a person who likes to think things through for himself.
Andrew ist jemand, der (sich) gerne etwas selber durchdenkt.

---

to think something up
sich etwas ausdenken / einfallen lassen
über etwas nachdenken
Who thought up that idea?
Wer ist auf die Idee gekommen? Wer hat sich das einfallen lassen?

---

to interpret something
etwas deuten / auslegen / interpretieren
How would you interpret what she said?
Wie würden Sie ihre Worte verstehen? Wie interpretieren Sie das, was sie gesagt hat?
This could be interpreted in a number of ways.
Dies kann man auf verschiedene Arten auslegen.

---

3. Feedback

What seems to be coming across is that…
Was bei mir ankommt ist, dass…

What I seem to be hearing is that…
Wenn ich (Sie) richtig verstehe…

What you have just said is that…
Sie haben gerade gesagt, dass…

It sounds as if…
Es klingt, als ob…

---

understanding
Verständnis, Wissen, Auffassung
This is my understanding of the situation…
Soviel ich weiß, sieht die Situation folgendermaßen aus…

---

4. Nachfragen / clarifying

---

to come back to something
auf etwas zurückkommen
Let's come back to the original question.
Lassen Sie uns auf die ursprüngliche Frage zurückkommen.

Could you be (a bit) more specific?
Können Sie mir (etwas) genauer sagen…?
To help me understand, can you be a bit more specific?
Ich würde das gern besser verstehen. Können Sie mir etwas genauer sagen, was Sie meinen?

How does that sound (to you)?
Wie klingt das (für Sie)? Was halten Sie davon?
It might be beneficial to start with this topic first. How does that sound to you?
Es ist vielleicht sinnvoll, mit diesem Thema zu beginnen. Wie klingt das für Sie?

I'm not quite clear what you mean…
Ich bin mir nicht sicher, ob ich Sie richtig verstehe…
I'm not quite clear what you mean by that. Perhaps you could give me an example.
Ich bin mir nicht sicher, was Sie (damit) meinen. Können Sie mir ein Beispiel nennen?

Am I right in thinking that…?
Sehe ich das richtig? Habe ich das richtig verstanden?
Am I right in thinking that you feel upset about the whole situation?
Sehe ich das richtig, dass Sie diese Situation aufregt?

From what you have told me it seems as if / as though…
Von dem, was Sie mir sagen, gewinne ich den Eindruck, dass…

---

5. Bestätigung / affirmations

What an achievement!
Welch ein Erfolg! / Welch eine Leistung!
Getting top marks in a difficult subject; what a tremendous achievement!
Bestnoten in einem schwierigen Fach zu bekommen; was für eine phantastische Leistung!

Congratulations on…
Glückwunsch zu…
Congratulations on passing the final exam.
Glückwunsch zur bestandenen Abschlussprüfung!

It must have been difficult to…
Es muss schwierig gewesen sein zu…
Good job. That must have been difficult to do.
Gut gemacht! Es muss schwierig gewesen sein, das zu schaffen.

A good / great / marvellous idea!
Eine gute / klasse / ausgezeichnete Idee!
What a great idea! Making more time for Emma after school is a very good idea.
Was für eine klasse Idee! Sich mehr Zeit für Emma nach der Schule zu nehmen ist eine sehr gute Idee.

Good / great / brilliant/ fabulous job!
Gute / prima / ausgezeichnete / phantastische Arbeit!
You've done a fabulous job! I think there is no limit to what you can achieve!
Sie haben großartige Arbeit geleistet! Ich denke, es gibt nichts, das Sie nicht erreichen können!

… is a (big) step forward.
… ist ein (großer) Schritt nach vorne.
This has been a big step forward for you.
Dies ist ein großer Schritt nach vorne für Sie.

---

6. Zusammenfassen / summing up

to summarise
zusammenfassen
Let me summarise and check that I am getting the picture. Thank you.
Ich versuche, das mal zusammenzufassen, um zu sehen, ob ich Sie richtig verstanden habe.

to draw together the key elements
die wichtigsten Punkte zusammenfassen
Let's try and draw together the key elements at this point.
Lassen Sie uns an dieser Stelle die wichtigsten Punkte zusammen fassen.

to look at what has been said
sich das Besprochene noch einmal anschauen
Let's have a look at what we have talked about so far.
Lassen Sie uns kurz zusammenfassen, was Sie bis jetzt gesagt haben.

7. Rahmen eines Gesprächs setzen / setting the framework

to remain anonymous
anonym bleiben
All personal information will remain anonymous.
Alle persönlichen Daten werden anonym behandelt.

to gain (*or* obtain) consent from somebody
das Einverständnis (*oder* die Einwilligung) von jemandem erhalten
First we need to gain consent from those participating in the evaluation.
Zunächst müssen wir das Einverständnis der Evaluationsteilnehmer erhalten.

---

to make information available
Informationen zugänglich machen
The evaluation report will be made available through our website.
Der Evaluationsbericht kann auf unserer Website eingesehen werden.

I'd like to share something with you…
Ich würde gerne etwas mit Ihnen teilen…
I've listened to what you had to say and I'd like to share something with you; I hope you don't mind.
Ich habe Ihnen aufmerksam zugehört und würde gerne etwas mit Ihnen teilen. Ich hoffe, dass das für Sie in Ordnung ist.

---

8. Weitergehende Intentionen / planning further actions

---

to address somebody's needs
den Bedürfnissen einer Person entsprechen
to address somebody's emotional needs
die emotionalen Bedürfnisse einer Person befriedigen

---

to alleviate something
etwas lindern / mindern
You can alleviate the pressure by prioritising your work.
Sie können die Belastung reduzieren, indem Sie bei Ihrer Arbeit Prioritäten setzen.

---

to educate somebody about something
jemanden über etwas aufklären
to educate somebody about the effects their anger has on others
jemanden darüber aufklären, welche Wirkung seine Wut auf andere hat.

---

to relate to somebody
eine Beziehung zu jemandem herstellen
to relate to other people in more positive ways
positivere Beziehungen zu anderen Menschen herstellen

---

to tackle something
etwas bekämpfen / bewältigen / anpacken
It will be useful to tackle the most pressing issues first.
Es wäre sinnvoll, die dringendsten Angelegenheiten zuerst anzupacken.

---

to be able to help with a matter
in einer Angelegenheit helfen können
How do you think a parenting coach would be able to help you with your situation?
Inwiefern, denken Sie, könnte Ihnen ein Erziehungscoach in Ihrer Situation helfen?

---

to map out other options
sich andere Möglichkeiten (*oder* Optionen) erschließen
If the meeting with the mediator doesn't go as well as you hope, what other options have you mapped out?
Wenn das Treffen mit dem Mediator nicht so läuft, wie Sie es sich erhoffen, welche anderen Möglichkeiten haben Sie dann?

---

to toy with an idea
mit einem Gedanken spielen
She's toying with the idea of setting up her own project.
Sie spielt mit dem Gedanken, ihr eigenes Projekt zu starten.

---

to wonder about
sich über etwas Gedanken machen
I was wondering about that, too. Ich habe mir darüber auch schon Gedanken gemacht.

„Wolfgang Dohrmann unternimmt mit seinem ‚Wörterbuch der Pädagogik, Englisch-Deutsch' den sehr anerkennenswerten Versuch, angehenden Erzieherinnen und Erziehern, Studierenden der Erziehungswissenschaft wie auch engagierten Praktikern den Einstieg in die englischsprachige pädagogische Fachterminologie zu erleichtern. Das Wörterbuch enthält nicht nur spezielle pädagogische Fachbegriffe, sondern auch viele Begriffe aus dem allgemeinen Wortschatz, die im Bereich pädagogischen Handelns häufig vorkommen. Es handelt sich um ein Wörterbuch aus der Praxis für die Praxis. Dem Wörterbuch ist zu wünschen, dass es von Auflage zu Auflage weiter wächst und eine möglichst große Verbreitung findet."

- **Prof. Dr. Wolfgang Tietze, Arbeitsbereich Kleinkindpädagogik, Freie Universität Berlin**

„Das Wörterbuch der Pädagogik (Dictionary of Education) schließt eine Lücke in einem sonst so umfassenden Angebot an Sprachführern. Es soll als Wörterbuch für die erzieherische Ausbildung und Praxis... verstanden werden und kommt diesem Anspruch vollkommen nach...Doch auch für diejenigen Erzieherinnen, die *Europa* bereits als gesellschaftliche Perspektive angenommen haben und einen Auslandsaufenthalt (vielleicht ein Praktikum) erwägen, wird das Wörterbuch ein unentbehrlicher Reisebegleiter sein. Und schließlich darf eine Anwendung nicht vergessen werden: Mit solchem Arbeitsmaterial macht der Englischunterricht in der Erzieherausbildung endlich Sinn."

- **Dr. Roger Prott (klein & groß, 12/2003)**

„Der Mehrsprachigkeit in Einrichtungen der Kinder- und Jugendhilfe kommt in den nächsten Jahren eine immer größere Bedeutung zu. Erzieherinnen, Erzieher, Sozialpädagogen, Sozialpädagoginnen müssen sich dieser Herausforderung stellen. ... Das vorliegende Buch bietet die Möglichkeit, in den Fachschulen stärker als bisher pädagogische Materialien aus dem Ausland fachlich zu bearbeiten und somit eine anregende Diskussion über Konzepte und Entwicklungen im Ausland zu verstehen."

- **Norbert Hocke, GEW, Leiter des Organisationsbereiches Jugendhilfe und Sozialarbeit**

„I'd just like to say how very useful, actually invaluable, we find your dictionary and we'll doubtless be ordering some more next year on behalf of our new students."

- **Dr Lesley Johnson, Ketteler-La-Roche Schule, Oberursel**